AF198741

Danksagung

An dieser Stelle möchte ich allen danken, die an der Fertigstellung dieses Buches direkt oder indirekt mitgewirkt haben.

Mein besonderer Dank gilt Dipl.-Met. Alexandra Mittermeier. Sie hat nicht nur umfangreiche Korrekturen durchgeführt und Ergänzungsvorschläge eingebracht, sondern mich zwischendurch auch motiviert, dieses Buch zu vollenden.

Lars Hattwig

Aufwachen und
finanziell umdenken!

Sichere Wege zum Aufbau von Vermögen und durch passives Einkommen zur finanziellen Unabhängigkeit.

www.tredition.de

Das Werk, einschließlich seiner Teile, ist urheberrechtlich geschützt. Jede Verwertung ist ohne Zustimmung des Verlages und des Autors unzulässig. Dies gilt insbesondere für die elektronische oder sonstige Vervielfältigung, Übersetzung, Verbreitung und öffentliche Zugänglichmachung.

© 2012
Autor: Lars Hattwig

Verlag: tredition GmbH, Hamburg

ISBN: 978-3-8424-8765-9
Printed in Germany

Bibliografische Information der Deutschen Nationalbibliothek:
Die Deutsche Nationalbibliothek verzeichnet diese Publikation in der Deutschen
Nationalbibliografie; detaillierte bibliografische Daten sind im Internet über http://dnb.dnb.de abrufbar.

Inhaltsverzeichnis

Vorwort

Irgendwann im Laufe des Lebens erwacht bei zahlreichen Menschen das Bewusstsein, nicht wirklich frei zu sein. Freiheit im Sinne, alles das tun zu können, was am meisten Spaß macht und die Möglichkeit zu haben, jederzeit seine Wünsche zu erfüllen. Letztendlich erkennen viele Leute, wie groß die Abhängigkeit in unserer entwickelten, „westlichen" Welt vom Geld ist und damit auch von den beruflichen Tätigkeiten, denen wir nachgehen. Im günstigen Fall wurde ein Hobby zum Beruf umgewandelt und die tagtägliche Arbeit macht über einen längeren Zeitraum hinweg, der viele Jahre andauern kann, Spaß. In diesem Fall geht man täglich motiviert zur Arbeit und kann darin sogar eine Erfüllung finden. In zahlreichen anderen Fällen wird die Arbeit zur notwendigen Pflicht, überhaupt etwas Geld zu verdienen. Nur mit regelmäßigem Gehalt können viele Menschen aktiv am sozialen und gesellschaftlichen Leben teilnehmen sowie vom Wohlstand der Gesellschaft profitieren. Jedoch verbringt die Mehrheit der Bürger einen Großteil ihrer Zeit am Arbeitsplatz. Oft sind es Jahre oder sogar Jahrzehnte, die viele Menschen in der Lagerhalle, an der Kasse, am Schreibtisch oder draußen bei baulichen oder handwerklichen Tätigkeiten verbringen. Das sei aber völlig normal, heißt es dann häufig, das machen die meisten in unserer Gesellschaft so. Dabei wird einerseits ignoriert, dass die Mehrheit in ihrer Meinung, in ihrem Tun, nicht immer richtig liegt. Zum anderen befindet man sich in einer mehr oder weniger großen Abhängigkeit des Arbeitgebers. Es gibt mannigfaltige Gründe, warum Sie ziemlich plötzlich nicht mehr arbeiten gehen wollen oder können. Dann stünden Sie ohne Arbeit und - sofern Sie nicht sofort eine neue Anstellung finden - als Empfänger von Arbeitslosengeld da. Selbst in einem intakten Angestelltenverhältnis gibt es lediglich eine begrenzte Anzahl von Urlaubstagen und in der Regel – wer für den Arbeitsmarkt keine besonders begehrte Fähigkeit vorweisen kann – zudem eine deutliche Begrenzung im Verdienst. Trotz der Erkenntnis, in einem Hamsterrad gefangen zu sein, welches eigene Entfaltungsmöglichkeiten erschwert oder gar verhindert, stellt sich oft eine Gewohnheit oder im schlimmsten Fall Resignation ein. Man gibt bereits in jungen Jahren Ziele oder Visionen im Leben auf, weil diese scheinbar unerreichbar seien.

Und später, sobald die Verpflichtungen des Arbeitslebens beendet sind, aber die Ruheständler versäumt haben zuvor privat in beträchtlichem Umfang für die Zeit nach dem aktiven Arbeitsleben vorzusorgen, droht zudem akute Altersarmut.

Derzeit erhält man im günstigen Fall etwa zwei Drittel des letzten Nettoverdienstes als gesetzliche Rente. Da sich die Altersstruktur zukünftig noch mehr dahingehend ändern wird, dass wir immer länger leben und gleichzeitig die Geburtenrate rückläufig ist, muss mit einem deutlich niedrigeren Anteil als heute gerechnet werden.

Daher, befreien Sie sich aus dem Hamsterrad, nur für Ihre Arbeitszeit bezahlt zu werden und später von einer mickrigen Rente leben zu müssen. Erschaffen Sie einen regelmäßigen Geldfluss in Ihr Portemonnaie, welcher auch dann weiter fließt, wenn Sie nicht mehr regelmäßig arbeiten. Finden Sie Möglichkeiten „passive" Einkommensströme zu erzielen, welche mit der Zeit immer stärker anwachsen. Die jährlichen Steigerungsraten sind prozentual sogar größer als die vergleichsweise bescheidenen Gehaltserhöhungen, die Sie im Laufe Ihres Erwerbslebens erhalten. In einigen Jahren könnten die zusätzlichen Einkommensquellen insgesamt sogar höher sein als das monatliche Gehalt, welches Sie von Ihrem Arbeitgeber erhalten. Sobald dieses Ziel erreicht ist, sind Sie finanziell un-abhängig. Spätestens dann ist der Zeitpunkt gekommen, selbst zu ent-scheiden, wie lange Ihre Urlaubsreisen sein werden. Sie legen selbst-ständig fest, an welchem Ort der Welt und wie lange Sie Ihren Wünschen und Hobbys nachgehen möchten. Zudem müssen Sie im fortgeschritte-nen Alter nicht bescheiden leben, weil die gesetzliche Rentenzahlung so mickrig ist. Denn Ihre erschaffenen passiven Einkommensquellen spru-deln selbst im Ruhestand immer weiter.

Hier in diesem Buch geht es nicht um das schnelle Geld, um Zockerei oder Machenschaften am Rande der Legalität. Wenn Sie das suchen sollten, dann lesen Sie dieses Buch trotzdem. Denn ich zeige Ihnen Vor-gehensweisen und Wege auf, mit denen Sie langfristig zwangsläufig reich werden. Und zwar noch viel sicherer als mit Glücksspielen oder anderer Zockerei. Mit diesem Werk habe ich die Absicht, Ihnen die Augen über den Umgang mit Geld zu öffnen und wie Sie zukünftig finanziell aufgeklärt durchs Leben schreiten können. Daher verlassen Sie die finanzielle Ab-hängigkeit und erlangen grenzenlose Freiheit in Ihrem Leben - nicht nur aus finanzieller Sicht.

Berlin, im Dezember 2011   Lars Hattwig

Kapitel 1

Motivation zum finanziellen Umdenken

Liebst Du das Leben,

dann verschwende keine Zeit

denn daraus ist das Leben gemacht

Benjamin Franklin

Bei den meisten Menschen ist die Vorstellung von nachhaltigem Erfolg und grundsätzlicher Zufriedenheit im Leben ziemlich ähnlich. Natürlich werden in erster Linie Gesundheit, eine glückliche Familie, eine harmonisch und lebendig verlaufende Partnerschaft genannt. Aber ziemlich weit oben auf der Wunschliste stehen ein schönes Haus mit Garten, ein komfortables Auto, finanzieller und materieller Wohlstand, genug Zeit für Hobbys und zahlreiche Reisen durch die Welt. Doch die Realität sieht oft anders aus. Für viele Leute besteht der Alltag aus Stress, Problemen in der Partnerschaft, Ärger bei der Arbeit mit Kollegen. Oder man hat einen ungemütlichen Chef am Arbeitsplatz und zudem schlaflose Nächte wegen finanzieller oder gar existenzieller Sorgen. Doch warum haben nicht viel mehr Leute ein Leben ohne permanenten beruflichen Stress und Ärger? Warum entfliehen nicht mehr Menschen zum Beispiel dem grauen und nasskalten mitteleuropäischen Winter und verbringen diese Zeit in sonnigeren und wärmeren Gefilden? Was hindert Naturliebhaber daran, einige Monate oder Jahre in den Wäldern Kanadas zu verbringen? Warum sind so viele Menschen verschuldet oder gar überschuldet?

Es läuft immer wieder auf dieselbe Antwort hinaus, denn es fehlt in vielen Fällen schlichtweg am nötigen Bargeld. Und was ursächlich noch schlimmer ist, es fehlt das notwendige Wissen über den Umgang mit Geld, Vermögenswerten und Verbindlichkeiten.

Möglicherweise ist Ihnen folgender Sachverhalt bereits in früheren Situationen aufgefallen. Immer wenn Sie über ein Themengebiet besonders gut Bescheid wussten, dann konnten Sie kompetent über dieses Thema sprechen und vor allem waren Sie mitnichten abhängig vom Wissen anderer. Sobald Sie sich in einem Gebiet gut auskennen, können Sie in diesem Umfeld eigenverantwortlich und unabhängig agieren.

Unser Schulsystem vermittelt uns eine Menge Wissen, welches für das alltägliche Leben mehr oder weniger wichtig ist. Neben geschichtlichen Grundlagen und lyrischen Werken, bekommt man ausführlich Staats- und Regierungsformen gelehrt und einen Einblick in diverse Naturwissenschaften. Die Schulmathematik erläutert uns immerhin das Prinzip des Zinseszinses, jedoch nicht, welche Potenz aus finanzieller Sicht in der Praxis dahinter steckt (siehe Kapitel 6). Die Schule vermittelt uns eine Wissensbasis, um anschließend zumindest die Grundlage dafür zu besitzen, beruflich erfolgreich zu sein. Was aber komplett fehlt, sind Grundlagen über Finanzinstrumente, was Geld überhaupt ist oder wie viel es davon auf der gesamten Welt gibt. Es stellt sich zurecht die Frage, warum dieses für sämtliche Gesellschaftsschichten wichtige Thema in der Schule so sparsam behandelt wird? Die Konsequenz dieser Tatsache ist, dass nur relativ wenige Leute kompetent mit Geld umgehen können. Aber nur, wer sich beim Umgang mit Finanzen gut auskennt, hat gegenüber vielen anderen Leuten einen erheblichen Wissensvorsprung. Finanziell aufgeklärte Menschen sind nicht auf Bankangestellte angewiesen und können selbst entscheiden, welche Instrumente sie zur Geldanlage benutzen.

Eine dauerhafte Ignoranz gegenüber Finanzangelegenheiten wird sich in vielen Fällen spätestens im Alter negativ bei den Rentenbezügen auswirken. Das derzeitige Rentensystem in Deutschland wird durch das so genannte Umlageverfahren finanziert, in dem Arbeitnehmer einen Teil ihres aktiven Einkommens an die Rentenkassen abführen. Diese Beiträge werden unmittelbar an die Leistungsberechtigten ausgezahlt. Je nachdem, wie lange jemand erwerbstätig war und Rentenbezüge bezahlt hat, bekommt derjenige einen gewissen Teil nach Beendigung des Arbeitsverhältnisses monatlich ausgezahlt. Derzeit erhält man im günstigsten Fall knapp zwei Drittel des letzten Netto-Verdienstes, in Zukunft mit hoher Wahrscheinlichkeit deutlich weniger. Das Umlageverfahren funktioniert in den Fällen besonders gut, wenn es viele Erwerbstätige gibt, die möglichst wenige Ruheständler alimentieren. Probleme mit diesem Verfahren entstehen, wenn die Anzahl der Erwerbstätigen schwindet – sei es durch mangelnden Nachwuchs oder hoher Arbeitslosigkeit – oder die Anzahl der Personen im Ruhestand immer weiter anwächst.

In den gesamten Industriestaaten verschiebt sich seit einiger Zeit die demographische Struktur. In Deutschland begann sich bereits seit den siebziger Jahren des vorigen Jahrhunderts die demographische Situation zu wandeln und wird sich in wenigen Jahren noch dramatisch weiter verändern. Der Anteil der Leute in der Bevölkerung mit einem Lebensalter über 60 Jahren nimmt stetig zu. Ein gewichtiger Grund ist der enorm hohe hygienische und rasch voranschreitende medizinische Fortschritt. Derzeit wird zum Beispiel noch 80- oder 90-jährigen Personen ohne größere

Probleme eine funktionsuntüchtige Herzklappe ersetzt. Im Herbst 2010 wurde ein Mikrochip entwickelt, der vollkommen erblindeten Personen zumindest einen kleinen Prozentsatz der Sehkraft wieder zurückgeben könnte. Es gibt immer mehr Leute, die auf gesunde Ernährung und ausreichend Sport achten. Noch in den siebziger Jahren des zurückliegenden Jahrhunderts war es in Deutschland üblich, regelmäßig deftige und auch fettige Speisen wie Pommes Frites mit Fleisch zu konsumieren, natürlich mit einer guten Portion der kalorienreichen Mayonnaise. Gleichzeitig war es völlig normal und überhaupt kein Problem öffentlich zu rauchen. Mitnichten spielte es eine Rolle, ob Kinder oder andere Nichtraucher in der Nähe waren. Heutzutage ist Rauchen in der Öffentlichkeit lediglich noch eingeschränkt möglich und immer mehr geht es auch bei der Ernährung hin zu fleischärmeren Speisen und vitaminreicherer Rohkost.

Gleichzeitig werden immer weniger Kinder geboren. Nach dem regelrechten Babyboom in den Jahren und Jahrzehnten nach dem zweiten Weltkrieg, ist die Geburtenrate derzeit je Frau auf 1,3 Kindern zurückgegangen. Für eine eigenständige Reproduktion der Bevölkerung wäre eine Rate von 2 Kindern pro Frau notwendig. Es gibt verschiedene Ansätze zur Begründung, warum in den entwickelten Industrieländern – wozu auch Deutschland zählt – die Geburtenraten rückläufig sind.

Ein Grund ist in den Industriestaaten der schwindende Anreiz, Nachwuchs als Altersvorsorge zu betrachten. Mit wachsendem Wohlstand sind auch die Kosten für das Aufziehen von Kindern gestiegen. Gleichzeitig verlor der Nachwuchs innerhalb einer Familie den Großteil seines wirtschaftlichen Nutzens, den er in einer Agrargesellschaft - als billige Arbeitskraft und als Altersvorsorge - hatte. Daher entscheiden sich Paare heutzutage meistens nach ein bis zwei Kindern keinen weiteren Nachwuchs auf die

Welt zu bringen. Viele Paare verzichten mittlerweile auch gänzlich auf Kinder.

Es lässt sich zusätzlich eine Zunahme von alleinstehenden Personen, den sogenannten Singles, feststellen. Dieses Phänomen ist besonders in Großstädten zu beobachten. Der ehemals wichtige Grund des unbedingten Zusammenhaltens einer Familie, ist in Großstädten längst nicht mehr derart vorhanden wie vor einigen Jahren und Jahrzehnten. Nicht umsonst galt beispielsweise Deutschlands größte Stadt Berlin auch lange Zeit als Single-Hauptstadt. Allerdings ist in der Realität eine Person, die alleine einen Haushalt führt, nicht gleichzeitig auch partnerlos. Noch in den sechziger Jahren des zurückliegenden Jahrhunderts galt es als „Schande", wenn eine Frau alleine eine Wohnung bezog. Oft wurde sie dann von den anderen Leuten der untersten sozialen Schicht zugeordnet, wenn sie denn überhaupt eine Wohnung zur Miete bekam. Heute gehören Single-Haushalte zur Normalität. Gerade in intellektuell höheren Schichten haben sowohl Frauen als auch Männer ihr finanzielles Auskommen und sind - zumindest aus diesem Grund - nicht aufeinander angewiesen. So gibt es bereits etliche Partnerschaften, die dennoch ihren eigenen Haushalt und damit eine gewisse Freiheit behalten möchten.

Insgesamt werden also weniger Kinder geboren, gleichzeitig hilft die medizinische Versorgung, dass wir immer länger leben. Wenn eine wachsende Anzahl von Ruheständlern von immer weniger Erwerbstätigen alimentiert werden müssen, dann hat die Gesellschaft ein grundsätzliches soziales Problem. Mit dem bestehenden Umlageverfahren werden die Abgaben für Soziales und Renten die kleiner werdende Anzahl an Erwerbstätigen geradezu erdrücken. Kapitaldeckungsverfahren, wie sie zum

Beispiel im Versicherungsbereich verwendet werden, kommen in Deutschland viel zu zögernd und lediglich halbherzig in Gang.

Verschärft wird diese gesellschaftliche Problematik dadurch, wenn auch der prozentuale Anteil derer zunimmt, die sich zwar im erwerbsfähigen Alter befinden, aber dennoch keine feste Arbeit haben. In Zeiten der weltweiten Globalisierung verlagert sich ein Teil der Arbeit des produzierenden Gewerbes in Gebiete mit niedrigen Löhnen und gleichzeitig zahlreich vorhandenen potentiellen Arbeitskräften. Diese Regionen liegen global betrachtet nicht in Deutschland, sondern schwerpunktmäßig in Osteuropa, in Südamerika und vor allem in Asien. In West- und Mitteleuropa, aber auch in den USA hat sich in den letzten Jahren und Jahrzehnten mehr und mehr das →Dienstleistungsgewerbe durchgesetzt. Aber selbst in diesem breiten Wirtschaftsektor stoßen im Zeitalter des zunehmend flächendeckend verfügbaren Internets immer mehr Niedriglohnländer. Zum Beispiel hat der EDV-Bereich aus Nordamerika und Europa schon einen Teil der vorhandenen Arbeit nach Südosteuropa oder Indien ausgelagert.

Zudem ist der heutige Arbeitsmarkt sehr dynamisch und im globalen Wettbewerb wird immer mehr auf eine effiziente Arbeitsweise geachtet. Dies führt dazu, dass sich die Zeit des eigenen Erwerbslebens häufig auf nur noch 20 bis 25 Jahre beschränkt. Wer nicht gerade verbeamtet ist, muss damit rechnen, bereits ab einem Alter von etwa 50 Jahren zum „alten Eisen" zu gehören und eventuell von nachrückenden jüngeren Leuten - vollgepackt mit neuen kreativen Ideen und aktuellem Knowhow - verdrängt zu werden.

Die Probleme in der Eurozone im Jahr 2011 wirken tendenziell →deflationär und können möglicherweise auch in Deutschland zu einem Anstieg der Arbeitslosigkeit sorgen. Wenn gleichzeitig das Wirtschaftswachstum gering bleiben sollte, wird dies letztendlich dazu führen, dass Erwerbslose mit einer Kürzung der staatlichen Hilfe zu rechnen haben.

Selbst, wer noch bis zum Renteneintrittsalter erwerbstätig bleiben sollte, darf fest damit rechnen, nur noch einen kleinen Teil seines früheren Einkommens in Form einer staatlichen Rente zu erhalten. Gerade im Ruhestand möchten Sie eventuell noch längere Reisen durch die Welt unternehmen, die früher wegen des begrenzten Urlaubs so nicht möglich waren. Zum anderen müssen Sie im fortgeschrittenen Alter damit rechnen, häufiger als früher in ärztlicher Behandlung oder gar ins Krankenhaus zu müssen. Spezielle oder einfach nur ordentliche medizinische Behandlung wird dann zunehmend auch eine Frage des eigenen finanziellen Spielraums. Denn über Sozialleistungen wird zukünftig - wenn überhaupt - lediglich eine medizinische Grundversorgung abgedeckt sein. Bereits heute muss man pro Quartal beim Arzt Praxisgebühren entrichten, bei Medikamenten bekommt man kostengünstigere Alternativen oder muss in der Apotheke zuzahlen. Eine gewisse Klientel kann sich bei einer privaten Krankenkasse versichern und damit gleichzeitig von den Problemen der gesetzlichen Krankenkassen abkoppeln. Immer mehr wird in der Politik bereits diskutiert, dass auch die privaten Krankenkassen ihren Beitrag zu den Problemen der Gesundheitssituation leisten sollen.

Die genannten Gründe sollten jeden von uns aufwachen lassen. Jeder sollte die zunehmend drohende Gefahr von persönlicher finanzieller Armut in einigen Jahren erkennen und frühzeitig handeln. Jeder sollte bereits zum Beginn des Erwerbslebens, so früh wie möglich, mit der eigenen privaten Vorsorge beginnen, am besten sogar so schnell wie es geht die finanzielle Freiheit erlangen. Nur wer ausreichende finanzielle Rücklagen hat, ist vor stagnierenden oder gar rückläufigen Reallöhnen sowie Kürzungen in den Sozialsystemen weniger oder gar nicht betroffen. Zusätzlich ist man dann in der komfortablen Situation, sich zukünftig nicht nur seinen gewünschten Wohnort – gleich ob in Deutschland oder in einem anderen Land - auszusuchen, sondern ist jederzeit in der Lage wann, wie lange und wo auch immer seinen Vorlieben und Hobbys nachzugehen. Lediglich diejenigen mit einem komfortablen Finanzpolster können sich im Krankheitsfall auch die bestmögliche medizinische Versorgung leisten und werden im Ruhestand nicht die Altersarmut erleiden.

Um das große Ziel der finanziellen Unabhängigkeit zu erreichen, begleiten Sie mich nun weiter durch die folgenden Kapitel.

Kapitel 2

Welche Ziele haben Sie?

Der Langsamste, der sein Ziel nicht aus den Augen verliert, geht noch immer geschwinder, als jener, der ohne Ziel umherirrt.

Gotthold Ephraim Lessing

Die meisten Menschen haben keine festen, konkreten Ziele oder sie haben zwar große Ziele, aber keinen konkreten Weg dorthin. Bei einer zufälligen Befragung von Passanten auf einer Einkaufsstraße bekommt man auf die Frage nach deren Zielen im Leben oft Antworten wie: „mehr Geld zu haben", „die große Liebe finden", „eine Weltreise zu machen" oder „später einmal finanziell abgesichert zu sein". Die große Liebe zu finden kann man sicherlich forcieren, aber nicht wirklich zielgerichtet daraufhin arbeiten. Oft „erwischt" es einen gerade dann, wenn man überhaupt nicht damit rechnet. Aber bei anderen Themen ist es unabdingbar sich feste und klare Ziele zu setzen. Vage gehaltene Vorhaben wie „mehr Geld zu haben" oder „später einmal finanziell abgesichert zu sein" sind eher Wünsche, die in dieser Formulierung nicht ernsthaft konsequent befolgt werden. Auch eine Weltreise muss sorgfältig geplant werden. Denken Sie einfach nur an die zahlreichen Vorsätze in einer Silvesternacht. Der Vorsatz „mehr joggen zu gehen" ist spätestens nach einer Woche mit nasskaltem Wetter wieder vergessen. Auch die geplante Diät wird nach kurzer Zeit wieder zurückgestellt und der Vorsatz „weniger Zigaretten zu rauchen und weniger Alkohol zu trinken", wird spätestens bei der nächsten Party über den Haufen geworfen. Ohne ein konkretes Ziel vor Augen zu haben, wird das Leben eines jeden lediglich nur dahin dümpeln wie ein führerloses Schiff im Ozean. Eher werden noch andere darüber entscheiden, in welche Richtung das Lebensschiff steuert. Es ist keine rechte Motivation vorhanden, um die notwendige Anstrengung aufzubringen, für ein festes und klares Ziel zu arbeiten.

Ganz anders ist es, wenn Sie sich ein festes Ziel vornehmen, welches Ihren tiefsten Wunsch ausdrückt. Ein Vorhaben, auf das Sie sich ganz und gar konzentrieren, sich quasi selbst dazu verpflichten es umzusetzen. Nur wenn Sie eine Sache oder einen Umstand wirklich von ganzem Herzen wollen, dann werden Sie auf dieses Ziel hinarbeiten, es niemals aus den Augen verlieren und wenn notwendig alles, wirklich alles dafür tun, um es zu erreichen.

Ob wir unsere großen Ziele letztendlich in vollem Umfang erreichen oder nicht, ist dabei gar nicht einmal so wichtig. Was wirklich zählt, ist, dass wir uns richtig Mühe geben. Nur wenn wir uns anstrengen, wenn wir über uns hinaus wachsen müssen, lernen wir dazu, wachsen weiter und entwickeln so neue Fähigkeiten. Der eigentliche Sinn eines hohen Ziels ist unsere Entwicklung auf dem Weg dorthin. Je höher wir das Ziel stecken, desto mehr müssen wir wachsen, um es zu erreichen.

Die großen Erfolge, die jemand im Leben erreicht, sind fast nie Zufallsereignisse. Sie sind das Ergebnis eines großen Vorhabens und auf dem Weg dorthin muss derjenige ausdauernd und beharrlich sein. Denn auf der Strecke zum großen Erfolg wird es Rückschläge und teilweise verheerende Misserfolge geben. Wenn das vermeintliche Ziel nicht groß oder wichtig genug ist, dann werden die Rückschläge dazu führen das Vorhaben aufzugeben.

Als der bedeutende britische Staatsmann Winston Churchill seine letzte öffentliche Rede hielt, waren zahlreiche Leute im Saal, da angekündigt worden war, dass er einen persönlichen Überblick und ein Resümee aus seinem Leben ziehen wollte. Churchill betrat die Bühne und rief: "Gib niemals auf! Nie! Nie! Nie!" und ging wieder. Alles sah sich überrascht an. War das die Lehre aus Churchills Leben? Plötzlich fing jemand an zu applaudieren, woraus ein Sturm des Jubels und der Begeisterung wurde, dass der Saal erbebte. Sicherlich war einer der größten Ereignisse für diesen vehementen Ausspruch die Situation im zweiten Weltkrieg, als Deutschland nach zahlreichen Angriffen die Engländer beinahe schon besiegt hatten. Die Generäle rieten damals Churchill dazu aufzugeben, um weitere Opfer bei den englischen Soldaten und der Bevölkerung zu vermeiden. Damals hatte er sich genau an diesen Grundsatz gehalten und war davon nicht abzubringen. Die Geschichte zeigte, dass Churchill letztendlich Recht behalten sollte.

Vielleicht erinnern Sie sich noch an den Tennisspieler Boris Becker Mitte der achtziger Jahre des letzten Jahrhunderts und an die berühmte „Becker-Faust"? Jedes Mal, wenn er im Tennis-Match eine schwächere Phase hatte, teilweise sogar das gesamte Match zu kippen drohte und ihm dann ein wichtiger Punkte gelang, feuerte er sich selbst lautstark an und ballte sein Faust. Manchmal hechtete er einem fast aussichtslosen Ball noch mit einem spektakulären Sprung hinterher und das Publikum sprang von den Sitzen, wenn der Ball tatsächlich noch erfolgreich über das Netz gebracht werden konnte. Diese eigene, sehr emotionale Art der Motivation, des Aufputschens riss damals Millionen von Zuschauern auf dem Tennis-Platz und vor dem Fernseher mit. Sie sprangen von ihren Sitzen, von ihrem Wohnzimmersessel auf und feuerten ihn auf diese Art und Weise an. Er war damals ein wirkliches Vorbild, alles, wirklich alles zu tun, um ein anvisiertes Ziel zu erreichen. Sicherlich verlor er auch Spiele, aber niemand der Zuschauer nahm ihm das übel, wenn er trotz seines ständigen Kampfes mit sich selbst, mit seinem ebenfalls bekannten „Becker-Hecht" ein Match verlor. Dann war es an diesem Tag wirklich nicht besser zu machen.

Nur wenn Sie sich ganz und gar auf Ihr gewünschtes Ziel konzentrieren, dann werden Probleme oder Hindernisse auf dem Weg dorthin relativ klein erscheinen. Es ist dann lediglich die Frage, wie Sie diese Probleme beseitigen oder umgehen und nicht ob Sie es überhaupt angehen. Ohne klares Ziel werden Sie mit ziemlicher Sicherheit beim Auftreten von Hindernissen Ihren Biss vermissen lassen oder werden relativ rasch ihre Motivation verlieren weiterzumachen. Wenn Sie Ihr Ziel jedoch fest im Blick haben und es für Sie vollkommen klar ist, es auch zu erreichen, wachsen Sie über sich hinaus und finden Wege und Möglichkeiten, von denen Sie vorher nicht zu träumen gewagt hatten.

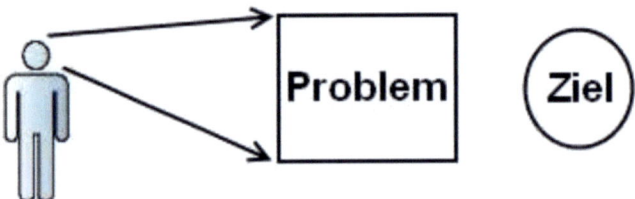

Abbildung 1: Ein kleines oder nur vage anvisiertes Ziel wird schnell von einem Problem überdeckt, Sie verlieren das Ziel aus den Augen.

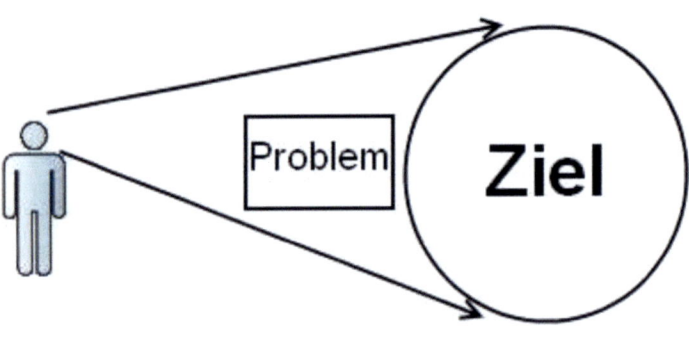

Abbildung 2: Ein großes Ziel kann auch von einem Problem nicht gestoppt werden. Das große Ziel behält man im Blick und sucht nach Lösungen dieses Hindernis auf dem Weg zum Ziel zu umgehen.

Daher ist eine grundsätzliche Voraussetzung, sich klare, feste und in der Ferne auch große Ziele im Leben zu setzen. Stellen Sie sich einfach vor, was Ihnen im Leben am besten gefallen würde. Lassen Sie dabei keine Tabus zu. Es geht schließlich um Ihr persönliches Leben, was Sie noch vor sich haben. Es geht um Ihre Wünsche Ihr Leben so angenehm und erfolgreich zu gestalten wie es nur geht. Diese Ziele müssen wirklich konkret sein. Wollen Sie später in New York oder in Sydney leben oder doch lieber den Rest Ihres Lebens in Wanne-Eickel verbringen? Möchten Sie auch zukünftig wirklich den gesamten Winter mit feuchtkaltem Schmuddelwetter und den kurzen Tagen mit schwacher, schräg stehender Sonne und scheinbar endlos dunklen Nächten in Deutschland bleiben oder lieber die dunkle, nasskalte Jahreszeit an den warmen Stränden der Kanaren oder gar Thailands verbringen? Möchten Sie wirklich auch mit 50 oder 60 Jahren noch täglich von 9 bis 17 Uhr arbeiten gehen müssen oder lieber eine Kreuzfahrt unternehmen, die Welt umsegeln oder sich für ein Hilfsprojekt in Afrika vor Ort engagieren? Selbst wenn Ihnen derartige Ziele aus heutiger Sicht utopisch erscheinen, schreiben Sie sich genau das auf, was Ihr tiefster Wunsch ist.

Einigen mag ein großes Vorhaben zunächst zu groß erscheinen. Es wäre so, als ob Sie an einem Tag einen mehreren tausend Meter hohen Berg erklimmen sollen. Auch einen Marathon werden Sie nicht untrainiert schaffen. Um die Motivation für ein Ziel für längere Zeit aufrecht zu erhalten, sollten Sie mehrere Etappen festlegen, wobei jedes Etappenziel nicht zu weit weg ist, sondern in absehbarer Zeit realistisch zu erreichen ist. Wenn Sie das Ziel haben sollten, Millionär zu werden und haben lediglich 1 000 Euro zur Verfügung, dann erscheint der Plan unendlich weit weg und damit unerreichbar zu sein. Als sogenannte Meilensteine böten sich beispielsweise 10 000, 50 000, 100 000, 250 000 und 500 000 Euro an. Sie werden richtig stolz auf sich sein, sobald die ersten 10 000 Euro geschafft sind. Sobald Sie 100 000 Euro als Ihr Eigen nennen können, erscheint die Millionen-Grenze längst nicht mehr so endlos weit weg als mit dem Startkapital von 1 000 Euro.

Wichtig ist auch Ihr Ziel mit Datum zu versehen. Schreiben Sie genau auf, dass Sie über die Weihnachtsfeiertage in drei Jahren einen großen Urlaub in der Südsee machen werden, im übernächsten Sommer 2 000 Euro monatlich an passivem Einkommen erhalten werden und nur des Geldes wegen nicht mehr unbedingt ins Büro, mit den anstrengenden Kollegen, gehen müssen. Schreiben Sie es genau so auf, nicht im Konjunktiv, nicht „könnte ich erreichen" oder „wird eventuell möglich sein". Sie schreiben Ihre Ziele so auf, dass es völlig klar ist diese zu erreichen und zwar mit konkretem Datum. Es ist nicht zielführend, zu sich selbst zu sagen: „Später werde ich mal viel Geld haben und viele Reisen unternehmen". Das ist viel zu schwammig formuliert und führt eben sowenig zum befriedigenden Ergebnis, als nur dann zu sparen, wenn am Ende des Monats eher zufällig noch etwas Geld übrig bleiben sollte – dazu später in Kapitel 6 mehr. Also, setzen Sie sich hin und schreiben Sie ganz konkret auf, was Sie am liebsten in Ihrem Leben machen möchten und zwar mit Datum. Alles andere wären lediglich unverbindliche Absichtserklärungen, die letztendlich nicht eingehalten und somit kaum zum Ziel führen werden.

Aufgabe!

Schreiben Sie auf, was Sie sich im Leben am meisten wünschen. Dabei sollte es keine Tabus geben. Nicht, dass Sie von vornherein schon Wünsche ausschließen, weil Sie zu groß erscheinen. Ich gebe Ihnen maximal 5 Minuten, um Ihre größten Wunschvorstellungen aufzuschreiben. Wenn Sie zu lange über Ihre Wünsche nachdenken, dann könnten Ihnen einige davon zu utopisch erscheinen und streichen Sie diese eventuell wieder.

Meine größten Wünsche im Leben sind:

1. _____
2. _____
3. _____
4. _____
5. _____
6. _____
7. _____
8. _____
9. _____
10. _____

Wenn Sie mit dieser Aufgabe fertig sind, priorisieren Sie die drei wichtigsten Wünsche und heften Sie sie dorthin, wo Sie diese immer wieder sehen. Das könnte zum Beispiel der Spiegel sein, vor dem Sie sich morgens ankleiden oder Ihre Brieftasche. Sie mögen Ihnen fortwährend als Motivation dienen und zwar so lange, bis sich Ihr Vorhaben in Ihr Unterbewusstsein festgesetzt hat.

Aufgabe!

Es gibt eine weitere Möglichkeit herauszufinden, welche Ziele Sie im Laufe Ihres Lebens erreichen möchten. Stellen Sie sich folgende Situation vor: Sie feiern Ihren 65sten Geburtstag und alle Ihre Freunde, Verwandten und Kollegen sind bei Ihnen zu Gast und blicken in Reden auf Ihr Leben zurück. Dabei werden nur die positiven Dinge erwähnt und was Sie erreicht haben. Was würden Sie dann gerne zu ihrem 65sten Geburtstag hören? Hier einige mögliche Beispiele:

- *Sie haben Menschen unterstützt, die hilfsbedürftig waren*

- *Sie haben Geduld, Ausdauer und Beharrlichkeit schon für verloren erklärte Aktionen erfolgreich zu Ende gebracht*

- *Sie haben eine Neuigkeit entwickelt, die es vorher nicht gab*

- *Sie haben nun viel Geld und materiellen Wohlstand*

- *Sie haben ein eigenes Unternehmen gegründet und gleichzeitig viele Arbeitsplätze geschaffen*

- *Sie haben die halbe Welt bereist*

- *...*

Ergänzen Sie möglicherweise noch eigene Punkte, die Ihnen wichtig sind und priorisieren Sie für sich drei Ziele.

Schon während der Kindheit und in der Schulzeit, aber auch später im Arbeitsleben bekommt man immer wieder zu hören, man müsse an seinen Schwachstellen arbeiten. Das ist in vielen Fällen notwendig, um sich ein breites Repertoire an Fähigkeiten anzueignen. Aber auf sich aufmerksam macht man sich nicht mit den eigenen improvisierten Schwächen. Richtig überragend kann man nur in den Bereichen sein, die man besonders herausragend gut macht. Erfolgreiche Menschen zeichnen sich nicht dadurch aus, besonders viele Dinge zu erledigen, sondern wenige Dinge besonders gut. Bleiben wir beim Tennissport. Neben Boris Becker gab es zur selben Zeit auch bei den Frauen eine herausragende deutsche Spielerin. Steffi Graf war berühmt-berüchtigt für wahnsinnig präzise und harte Schläge mit ihrer Vorhand. Das sprach sich natürlich bei ihren Mitspielerinnen herum und diese versuchten Steffi Graf besonders auf ihre Rückhand anzuspielen. Daraufhin sollte Steffi Graf ihre Rückhand deutlich verbessern. Das merkte man auch und ihre Gegnerinnen hatten es schwerer gegen die stärkere Rückhand zu punkten. Aber die entscheidenden Punkte holte sich die erfolgreiche deutsche Tennisspielerin immer mit ihrer übermächtigen Vorhand.

Prominente Sportler und Künstler sind deshalb so erfolgreich, weil sie den Beruf gewählt haben, der Ihnen besonderen Spaß bereitet und weil sie dort ihre Stärken haben. Ein begabter Künstler wird in einem analytischen Beruf nicht so erfolgreich sein, weil dort nicht seine Stärken liegen.

Diese Beispiele zeigen, konzentrieren Sie sich besonders auf Ihre Stärken. Nur mit Ihnen werden Sie Tätigkeiten besonders gut ausführen können, nur mit Ihren Stärken werden Sie sich gegenüber anderen Leuten hervortun.

Übung!

Vielleicht fragen Sie sich jetzt, wie Sie am besten Ihre Stärken finden? Dazu erinnern Sie sich an fünf bis sechs Geschichten aus Ihrem Leben und bringen diese zu Papier. Das sind Geschehnisse, die Ihnen besonders viel Freude oder die Sie stolz gemacht haben. Es ist nicht wichtig, ob andere davon wissen oder ob Ihr Erfolg im Arbeitsleben oder in der Freizeit geschehen ist. Anschließend analysieren Sie Ihre Geschichten nach Gemeinsamkeiten

- *in der Vorgehensweise*

- *welchen Anteil am Erfolg Sie persönlich daran hatten*

- *welche Fähigkeiten Sie dort besonders einsetzen konnten*

Sie werden feststellen, dass möglicherweise zwei bis drei Eigenschaften von Ihnen in allen Geschichten wieder zu finden sind, die zum Erfolg führten. Das sind sicherlich einige Ihrer Stärken.

Wenn Sie aufmerksam durch das Leben gehen, wird Ihnen oft auffallen, dass vieles in der Natur auf ein schnelles Ziel, auf einen schnellen Erfolg abzielt. Dieses Verhalten ist hauptsächlich in der Tierwelt ausgeprägt, aber auch bei uns Menschen. Einige konsumieren beispielsweise Drogen, um im Rausch vermeintliches schnelles Glück zu erleben, ohne daran ernsthaft zu denken, langfristig nicht nur die eigene Gesundheit zu ruinieren, sondern auch die Gefahr besteht gesellschaftlich-sozial abzusteigen. Oder die Tüte Chips abends vor dem Fernseher schmeckt einem so gut, erzeugt so viel kurzfristige Zufriedenheit, ohne daran zu denken, dass einem eventuell bald die Hose nicht mehr passen wird und durch den Salzgehalt der Blutdruck erhöht sein kann. Die Fortpflanzung ist in der Natur ebenfalls darauf ausgerichtet, im Rausch der Gefühle nicht immer „vernünftig" zu handeln. So wird manche Familienplanung unfreiwillig früher zum aktuellen Thema als ursprünglich angedacht. Nicht grundsätzlich anders ist es beim Geld. Geld für einen späteren Zeitpunkt zurückzulegen, setzt im Körper keine Glücksgefühle frei, sondern hat im Gegenteil einen gewissen negativen Beigeschmack, aktuell auf irgendetwas verzichten zu müssen. Lieber werden aktuelle Konsumwünsche erfüllt und „lebe jetzt" gilt als Motto auch bei den Finanzen. Gegen letzteres Motto ist auch nichts Grundlegendes auszusetzen. Natürlich sollte man gerade auch im „hier" und „jetzt" leben, aber es wäre nicht klug bedacht, immer sein gesamtes Geld auszugeben. Denn als vorausschauendes intelligentes Wesen ist es sinnvoll, einen gewissen Teil des heute zur Verfügung stehenden Geldes auch für die Zukunft zurückzuhalten. Einige werden jetzt erwidern „man wüsste ja eh nicht wie lange man lebe". Natürlich kann einen das Schicksal in Form von Unfall oder Krankheit ereilen, aber die Wahrscheinlichkeit ist doch erheblich größer, ein langes Leben führen zu dürfen. Und, möchten Sie Ihr Leben, Ihren Lebensabend unfreiwillig in Bescheidenheit und Armut verbringen? Das droht fast allen Menschen, die im jungen und mittleren Alter nicht an morgen und übermorgen denken...

Kapitel 3
Übernehmen Sie Verantwortung

Wer immer das tut, was er schon kann,

wird immer das bleiben, was er schon ist."

Henry Ford

Wenn Sie in einem Wirtshaus am Abend mal ein wenig den Gesprächen zuhören, die dort unter zunehmendem Alkoholgenuss an der Theke stattfinden, werden Ihnen folgende Sätze immer wieder begegnen: „Meine Frau ist Schuld, dass ich jetzt hier in der Kneipe sitze", „Meine Eltern sind Schuld, dass aus mir nichts richtiges geworden ist", „Die Regierung ist Schuld, dass ich jetzt so wenig Geld habe". Haben Sie die Gemeinsamkeit aller Aussprüche bemerkt? Alle anderen seien Schuld an der jetzigen Situation einer Person. In einer Gaststätte kann man sich entspannen, bei einem Bier oder Wein ausgelassen plaudern. Aber, wer jeden Abend in einer Kneipe verbringt und dort über sein Leben lamentiert, vergeudet Zeit, die sinnvoller genutzt werden könnte. Auch im Berufsleben begegnen Ihnen Leute, die zwar permanent auf ihre Rechte pochen und viel einfordern, aber wenn etwas nicht so läuft wie gewünscht, sind immer andere Schuld, die sich hätten um etwas kümmern müssen. Kurzum, jemand der die Schuld für ein Problem oder gescheitertes Projekt immer bei anderen sucht, also letztendlich keine Verantwortung übernimmt, ist kein erfolgreicher Mensch und wird auch niemals Vermögen aufbauen!

Natürlich gibt es Umstände im täglichen Leben, die wir nicht beeinflussen können, aber wie wir auf neue Situationen reagieren, können wir verantworten. Wenn es mit einer anderen Person zu einer Konfrontation oder gar Streit kommt, dann ist es in den meisten Fällen nicht zielführend den Streit immer weiter zu verschärfen. Wir könnten uns beispielsweise fragen, inwieweit die Aktion unseres Gegenübers nur eine Reaktion auf unser vorheriges unpassendes Verhalten war.

Gerade beim Thema finanzieller Wohlstand habe ich bereits häufiger gehört, dass angeblich viel davon abhänge, in welchem Elternhaus und in welcher sozialen Schicht man aufgewachsen sei. Jemand, der reiche Eltern hätte, hat doch gleich ein ganz anderes Startkapital, bräuchte sich um die finanzielle Zukunft nicht zu kümmern, da später ein sattes Erbe warten würde. Jemand aus einer Arbeiterfamilie konnte nicht das Gymnasium besuchen und deshalb blieb der soziale Aufstieg verwehrt. Meine Erfahrung ist oft eine andere. Wer nie lernen musste mit Geld umzugehen und plötzlich viel davon zur Verfügung hat, der ist oft überfordert, das Richtige mit dem Kapital anzufangen. Wer lediglich aufgrund einer Erbschaft zu unerwartetem Reichtum gelangt, gibt das Geld in vielen Fällen ebenso schnell wieder aus, wie eine vom Lottogewinn überraschte Person. Umgekehrt stammen viele Wohlhabende aus ursprünglich sozial niederen Schichten. Sie hätten dann halt Glück gehabt, bekam ich schon häufiger zu hören. Jemand hätte ausschließlich Glück gehabt etwas erreicht zu haben, empfinde ich als einen ebenso armseligen Ausspruch wie die dauernde Schuldzuweisung an andere.

Es gibt ein schönes Sprichwort von Helmuth Karl Bernhard Graf von Moltke: „Glück hat auf Dauer nur der Tüchtige."

Schauen Sie sich mal genauer um. Es gibt Leute, die haben eine Idee, einen Plan, versuchen ihn dann umzusetzen, übernehmen Verantwortung, müssen sich mitunter sehr anstrengen, erleiden vorübergehend auch Rückschläge, aber, auf einmal fügen sich die Geschehnisse zu einem erfolgreichen Abschluss zusammen. Man kann das Glück herausfordern, ja geradezu anziehen, wenn zuvor die nötigen Rahmenbedingungen geschaffen wurden, die Basis auf der ein Projekt aufgebaut werden soll. Um aber dorthin zu kommen, muss man etwas unternehmen. Anderes Beispiel: „Ach, Herr Tüchtig hat ja nur Glück gehabt, dass er von seinem Chef für das anspruchsvollere und damit besser bezahlte Projekt beauftragt wurde." Warum tat der Chef dies? Doch nicht weil er Langeweile und gerade nichts Besseres zu tun hatte. Er fragt natürlich diejenige Person, die sich besonders hervortat, die Verantwortung übernahm und ihr aufgetragene Aufgaben engagiert umgesetzt hat.

Hier in diesem Buch geht es darum finanziell aufgeklärt zu werden. Ich kenne einige Personen, die bereits einiges angespart haben. Auf meine Nachfrage, wie die Ersparnisse letztendlich investiert sind, bekomme ich oft zu hören: „Ich weiß es nicht, das macht ja alles mein Bankberater". Ich möchte hier jetzt nichts gegen Angestellte eines Geldinstituts sagen, aber ein Bankberater ist letztendlich im Vertriebsbereich des jeweiligen Geldinstituts angestellt. Er bekommt ein mäßiges Grundgehalt und erhält für jeden Abschluss der hauseigenen Produkte Provision. Ob die Produkte des Geldinstituts oder Produkte von Partnern des Geldinstituts für den jeweiligen Anleger auch wirklich die besten sind, bleibt zumindest anzuzweifeln. Noch im Herbst 2010 tauchte immer wieder das Thema Zertifikate von der Bank der Lehman Brothers auf. Vielleicht erinnern Sie sich, im

September 2008 ging diese große Investmentbank im Zuge der Finanz-krise in die Insolvenz und viele Anleger, auch aus Deutschland, verloren ihr Geld, weil sie dieses in Lehman-Zertifikaten investiert hatten. Es waren oft Leute, die sich entweder kurz vor oder bereits mitten im Ruhestand befanden. Da fragt man sich, warum Ruheständlern, also Leuten mit ho-hem finanziellen Sicherheitsbedürfnis, Zertifikate (siehe Kapitel 8) mit →Emittentenrisiko verkauft wurde? Anders als bei Fonds oder →ETFs (Exchange Traded Funds) sind Zertifikate kein →Sondervermögen. Bei Insolvenz des Geldinstituts werden auch dessen Zertifikate wertlos.

Bleiben wir bei der Personengruppe, die ihr aktives Arbeitsleben bereits abgeschlossen hat und sich im Ruhestand befindet. Es gibt nicht wenige Fälle, bei denen Bankberater Leuten, die bereits über 70 Jahre alt sind und nicht allzu großes Vermögen besitzen, noch Einzel-Aktien schmack-haft machen. Es gibt genügend weitere Beispiele. Viele möchten sich mit dem Thema Geld und Finanzen nicht beschäftigen, aber hier ist es be-sonders wichtig, aufgeklärt durch das Leben zu laufen. Gerade in finan-zieller Hinsicht müssen Sie unbedingt Verantwortung übernehmen, sich informieren, dann selbst entscheiden was Sie tun. Sonst legen Sie Ihre finanzielle Zukunft und damit auch die Möglichkeiten, die Ihnen das Leben bieten könnte, in die Hände von Bankangestellten!

Wir werden später noch sehen, dass es heutzutage so einfach wie nie zuvor ist, an Informationen über Wertpapiere zu kommen und mit diesen auch zu handeln.

Jeder Mensch besitzt seine eigene Komfortzone. In dieser kennt er sich gut aus, bestreitet er seinen Alltag und fühlt sich hier sicher. Jemand, der nur aus der eigenen Wohnung geht, um einzukaufen und sonst mit seiner Freizeit nicht viel anfängt, hat eine relativ kleine Komfortzone. Jemand, der sehr aktiv ist, viele verschiedene Interessen und Herausforderungen wahrnimmt, hat dagegen eine vergleichsweise große Komfortzone. Denn die aktive Person wird mit viel mehr Situationen konfrontiert als der „Stubenhocker". Jedes neue Aufgabenfeld, jedes Problem, das es zu bewältigen gilt, führt dazu, dass man zunächst seine persönliche Komfortzone verlässt, verlassen muss. Nach Lösung der Aufgabe, nach Bewältigung des Problems, fühlt man sich im Wiederholungsfall den Herausforderungen besser gewachsen und hat somit seine Komfortzone erweitert. Beispielsweise besitzen Unternehmer eine sehr große Komfortzone. Sie müssen tagtäglich sehr viele Situationen bewerten und entscheiden. Sie müssen sich beim Umgang von gesellschaftlichen Ereignissen gut auskennen und benötigen zahlreiche Kontakte. Bei einem erfolgreichen Unternehmer wird es nur wenige Situationen geben, in denen er sich nicht gut auskennt.

Mit diesen Beispielen möchte ich Ihnen deutlich sagen: Sie erreichen nur dann im Leben große Ziele, wenn Sie Verantwortung übernehmen! Das werden Sie immer wieder, in allen Bereichen des Lebens, bemerken. Wer Verantwortung übernimmt, macht sich zwar auch angreifbar, aber nur diejenigen werden in der Lage sein, im Leben weit zu kommen. Nur solche Leute werden letztendlich auch finanziell erfolgreich sein können und Wohlstand genießen können. Daher verlassen Sie Ihre Komfortzone und packen Sie mit Engagement und Verantwortung Ihre neuen Herausforderungen an.

Kapitel 4

Was ist eigentlich Geld?

„Unser Geld bedingt den Kapitalismus, den Zins, die Massenarmut, die Revolte und schließlich den Bürgerkrieg, der zur Barbarei zurückführt.

...wer es vorzieht, seinen eigenen Kopf etwas anzustrengen, statt fremde Köpfe einzuschlagen, der studiere das Geldwesen."

Silvio Gesell

Haben Sie sich eigentlich schon einmal gefragt, wie viel Geld es eigentlich gibt? In Deutschland, in Europa, auf der ganzen Welt? Und wo liegen denn eigentlich die ganzen Geldscheine? Wer erschafft das Geld? Die Regierung? Die Notenbanken? Warum haben Länder wie die USA oder Deutschland mit vergleichsweise hohem Wohlstandsniveau so viele Schulden? Werden diese Staaten die Verbindlichkeiten jemals wieder abbezahlen können?

Ebenso wenig wie der richtige Umgang mit Geld in der Schule gelehrt wird, erfährt man wo das Geld eigentlich herkommt. Auch die Staatsoberhäupter schweigen sich darüber in der Öffentlichkeit aus. Wenn Sie die Antworten dieser Fragen im Laufe dieses Kapitels erfahren, werden Sie verblüfft, vielleicht sogar erschrocken sein. Aber alles der Reihe nach. Gehen wir gedanklich einige Jahrhunderte zurück.

Früher wurden Waren direkt gegeneinander getauscht. Gegen eine Ziege oder ein Rind gab es beispielsweise eine bestimmte Menge Obst und Gemüse. Jeder musste - um zu überleben - eine Form von Ware anbieten können, um im Tausch dafür eine andere Ware zu erhalten. Diese Art von Handel erwies sich in der Praxis oft als schwierig, da man für seine Ware nicht unbedingt das gewünscht Gut bekam. Es musste also ein Tausch-medium her, das einerseits das Vertrauen der Bevölkerung genießen konnte und einen gewissen Wert darstellte. Gleichzeitig war vonnöten, dass das Tauschmittel beispielsweise gegenüber einer Ziege oder einem Ochsen vergleichsweise leicht zu transportieren und aufbewahren war. Zudem durfte es nicht unbegrenzt vorhanden, also wertvoll, sein. So kam es dazu, dass Münzen aus Gold - einem seltenen Edelmetall - als Tauschmedium für Waren eingeführt wurden. Goldmünzen waren aber ziemlich schwer und es erwies sich als unhandlich mit einem Sack Gold umherzulaufen. So kam es, dass die Leute immer mehr mit Schecks, die lediglich den Anspruch auf eine bestimmte Menge Gold darstellten, be-zahlten. Das war die Geburtsstunde des noch heute üblichen Papiergel-des. Statt des eigentlichen Goldes wurde mit Papiergeld gehandelt, das vom Material her allerdings nahezu wertlos war. Das Prinzip, Papiergeld zu handeln, welches mit Gold gedeckt ist, setzte sich bis 1914 fort. Die Währungen waren jeweils relativ stabil und genossen somit das Vertrauen der Bevölkerung. Aus der Sicht der Regierungen hat die strikte Kopplung des Geldes an Gold einen großen Nachteil. Die Staaten können wegen der begrenzten Geldmenge nicht so viel Geld ausgeben wie sie vielleicht wünschen, denn die Gelder eines Landes müssen jeweils als Spargutha-ben auf den Bankkonten vorhanden sein.

Nach Abkopplung des Geldes vom Gold begannen die Notenbanken, wenn immer es notwendig erschien, frisches Geld zu drucken. Zum einen diente diese Art von Geldmengenausweitung für Kriegshandlungen, zum anderen für Hilfsaktionen jeglicher Art.

Jüngste Beispiele für Hilfsaktionen astronomischen Ausmaßes waren 2008 die Stützungen von Geldinstituten und Versicherungen. 2010 und 2011 erschienen die Rettungsmaßnahmen innerhalb der Eurozone für die PIIGS-Staaten (PIIGS steht als Abkürzung für: Portugal, Italien, Irland, Griechenland und Spanien) als Fass ohne Boden. Im Abstand von einigen Wochen wurden immer neuere Rettungspakete vor allem für Griechenland aufgelegt. Dennoch war bis November 2011 noch immer nicht endgültig entschieden, ob Griechenland überhaupt finanziell gerettet werden kann und ob es Mitglied der Eurozone bleiben würde.

So kam es nach Ende des Goldstandards zu einer massiven Geldmengenausweitung. Oder anders ausgedrückt: Geld wird immer dann gedruckt, wenn neue Schulden aufgenommen werden.

Letztendlich bedeutet dies nichts anderes als dass die Geldscheine lediglich die Schulden von irgendjemand anderem sind und nicht mehr von beispielsweise Gold gedeckt sind. Hatten Sie das gewusst? Ihre Geldscheine und Münzen, die Sie im Safe oder in Ihrer Geldbörse haben, sind Schuldscheine einer anderen Person, eines Unternehmens oder einer Regierung. Nur deshalb ist dieses Geld in Form einer Banknote oder Münze entstanden.

Bei dem täglichen Handel rund um den Globus ist es aber viel zu langsam, wenn man immer mit Geldscheinen bezahlen müsste. Daher ist Geld heutzutage zum großen Teil nur Buchgeld, was als abstrakte Zahlen beim täglichen Handel auf der ganzen Welt hin- und her gebucht wird. Buchgeld, auch Giralgeld genannt, ist lediglich ein Anspruch auf eine bestimmte Zahlung an Bargeld. Buchgeld ist kein gesetzliches Zahlungsmittel, wird im alltäglichen Wirtschaftsleben jedoch allgemein akzeptiert. Den meisten fallen dabei neben dem Handel von Waren und Gütern vor allem die Aktienmärkte ein, bei denen enorme Buchgeldsummen umverteilt werden. Täglich sind es etwa 20 Milliarden US-Dollar. Bei Rentenpapieren (dazu gehören Staats- und Unternehmensanleihen) wird immerhin schon die stolze Summe von rund 120 Milliarden US-Dollar täglich gehandelt. Zusätzlich - oder vielmehr dahinter - gibt es aber noch den Devisenmarkt. Dort beträgt das tägliche Handelsvolumen beinahe unvorstellbare 3 Billionen (als Zahl: 3 000 000 000 000) US-Dollar.

Um Finanzierungsgeschäfte in Form von Krediten abwickeln zu dürfen, müssen Banken eine gewisse Menge an Eigenkapital vorweisen. Zum Beginn der Bankenkrise 2008 lag die die Eigenkapitalquote im Standardfall unter 5 Prozent (in der Euro-Zone lag die Mindestgrenze bei 2 Prozent). Die verbleibenden über 90 Prozent können die Geldinstitute über Verbindlichkeiten (zum Beispiel auch Einlagen von Sparern) finanzieren. Unmittelbar nach der Bankenkrise wurde von den Geldinstituten gefordert, eine Eigenkapitalquote von insgesamt mindestens 16 Prozent anzustreben. Die Erhöhung der Eigenkapitalquote sorgt für mehr Schutz des Geldinstituts und damit letztendlich auch für mehr Sicherheit der Anleger. Im Gegenzug ließe sich mit einer höheren notwendigen Eigenkapitalquote weniger Gewinn für die Banken erzielen. Dennoch gilt: der weitaus größte Teil des Geldes existiert lediglich als Buchgeld und nur ein kleiner Teil steht bei den Banken in Form von Geldscheinen und Geldmünzen bereit.

Somit wird auch klar, warum Banken schließen müssen, wenn zu viele Leute gleichzeitig ihr Buchgeld abholen möchten. Während der Bankenkrise 2008 waren einige Geldinstitute nicht mehr liquide. Wie wir nun wissen, ist das Geld nämlich physisch in dieser Menge gar nicht vorhanden. Um diesen Zustand nicht eskalieren zu lassen, verkündeten im September 2008 Bundeskanzlerin Angela Merkel und der damalige Finanzminister Peer Steinbrück gemeinsam die waghalsige Garantie, dass die Spareinlagen der Bundesbürger sicher seien. Sie mussten die Bevölkerung beruhigen, aber im Grunde war das ein ganz heißes Eisen. Wenn nun dennoch sämtliche Sparer ihr Geld abgeholt hätten, hätte die große Koalition damals unvorstellbare Geldmenge drucken lassen müssen, da so viel Bargeld gar nicht vorhanden war.

Grundsätzlich macht es für eine Privatperson nur Sinn einen kleinen Teil des Vermögens als Bargeld vorrätig zu haben. Bargeld bringt keine Zinsen, ist anfällig für einen Diebstahl und wird langsam, aber sicher von der Inflation aufgezehrt. Das meiste Geld sollte als Buchgeld bei Banken liegen, damit es von dort auch arbeiten und durch Zins und Zinseszins sich weiter vermehren kann (siehe Kapitel 8).

Sie als Privatperson können übrigens auch den Staaten Geld leihen und dafür Zinsen kassieren. Diese Formen von Geldanlage nennt sich Staatsanleihen (siehe Kapitel 8). Sie leihen beispielsweise den Vereinigten Staaten von Amerika für eine Zeit lang Geld und bekommen im Gegenzug regelmäßige Zinsen bezahlt. Am Ende der Laufzeit bekommen Sie wieder Ihr geliehenes Geld zurückerstattet.

Geld wird also aus Schulden geschaffen. Das ist auch der Grund, warum sämtliche Staaten der westlichen Welt verschuldet sind. Wenn sämtliche Schulden zurückbezahlt würden (Deutschland und die USA werden sicherlich niemals mehr schuldenfrei), dann gäbe es auch kein Geld auf dieser Welt. Sie kennen sicher die berühmten Schuldenuhren der Bundesrepublik Deutschland oder der USA. Darauf sieht man die aktuelle „Buchwertverschuldung" und deren rasanten Anstieg der Verschuldung. Nur weltfremde Träumer erwarten eine vollständige Rückzahlung sämtlicher Verbindlichkeiten.

Mittlerweile hat die im globalen Umlauf befindliche Geldmenge eine derart astronomische Zahl erreicht, dass die fälligen Zinsen letztendlich überhaupt nicht mehr erwirtschaftet werden können. Daher mehren sich auch die Stimmen, dass unser Geldsystem nicht nachhaltig ist. Dafür müsste ständig beschleunigtes Wachstum her, um die exponentiell steigende Forderung der Zinseszinsen erfüllen zu können.

Sofern lediglich Schulden und Geldvermögen proportional zusammenhängen würden und beide nicht exponentiell anstiegen, wäre es für unser Geldsystem im Ganzen kein Problem. Allerdings sorgen der Zins und vor allem der Zinseszins für ein exponentielles Ansteigen des Geldvermögens, aber gleichzeitig auch der Schulden. Nur ein ebenfalls beschleunigtes Wachsen der Wirtschaft könnte dafür sorgen, dass die Rückzahlung der Schulden inklusive Zinsen gewährleistet sein könnte. Ein ständiges Anwachsen des Bruttoinlandsproduktes ist utopisch und wird niemals eintreten. Damit werden zwangsläufig irgendwann die Zinsforderungen nicht mehr bedient und es kommt zu immer häufigeren Zahlungsausfällen.

Doch bereits vor einigen Jahrzehnten haben einige vor dem Zusammenbruch des heutigen Geldsystems gewarnt, aber es besteht noch immer.

Niemand weiß, wann genau das Ende kommen wird. Daher macht es durchaus Sinn, mit einer gewissen Vorsicht, die Vorteile des heutigen Geldsystems zu nutzen. Diejenigen, die bereits eine stattliche Kapitaldecke haben, bekommen, absolut betrachtet, auch immer mehr Zinsen und vor allem(!) Zinseszinsen. Die Zinseszinsen nehmen irgendwann Ausmaße an, die letztendlich niemand mehr erwirtschaften kann. Dies ist auch der Grund, warum die reichen Leute immer reicher werden und die armen Menschen immer arm bleiben oder sogar noch ärmer werden.

Ist viel Geld zu besitzen unsozial?

Nicht wenige Leute verbreiten den Eindruck, dass Geld zu besitzen ein negativer oder anrüchiger Sachverhalt sei. Wie oft hört man den Ausspruch: „Ach, der will ja nur Geld verdienen". Zudem sei es sozial ungerecht, wenn jemand viel Geld verdiene oder vermögend sei. Es gäbe so viele Leute, die wenig hätten, daher sei es unmoralisch mit einer cleveren Idee reich zu werden.

Im Grunde kann dieser Sachverhalt aus einem anderen Blickwinkel betrachtet werden. Derjenige, der genug Kapital bilden konnte, um nicht dem Staat und damit indirekt auch den Erwerbstätigen, die viel Steuern zahlen müssen, auf der Tasche zu liegen, ist sogar sehr sozial. Zudem spenden oftmals wohlhabende Personen einen Teil ihres Vermögens an andere, denen es nicht so gut geht. Warren Buffet, Bill Gates oder Madonna sind einige prominente Beispiele für großzügige Spendenleistungen. Gerade diejenigen, die viele Jahre ihr komplettes Einkommen ausgeben, nichts zurückbehalten, sich womöglich noch verschulden und dann im Fall von Arbeitslosigkeit oder im Ruhestand immer höhere Alimente von den Erwerbstätigen und Vermögenden fordern, sind im Grunde die eigentlich unsozialen Personen.

Man kann als Einzelner das bestehende Geldsystem verteufeln oder es befürworten, aber man sollte für sich abwägen, ob man das aktuelle System in dem vergleichsweise kurzen Leben für sich zum Vorteil nutzen möchte. Wer erkennt, wie das Geldsystem funktioniert, kann sich auf die Seite derer stellen, die von dem Zinseszins profitieren.

Nun geht es bei dem Aufbau von Vermögen in die Praxis und wir beginnen an der Basis mit der nachhaltigen Beseitigung von Verbindlichkeiten.

Kapitel 5
Raus aus den Schulden

„Geld ist nicht alles. Aber ohne Geld ist alles nichts."

Unbekannt

Ich persönlich kenne nur relativ wenige Leute, die noch nie in ihrem Leben Schulden hatten. Gerade in jungen Jahren, wenn die Erwerbstätigkeit beginnt, freut man sich über das erste regelmäßige Gehalt. In der Ausbildungsphase wird man von den Eltern unterstützt oder mit Aushilfsjobs verdient man sich ein paar Euro dazu. Damit lässt sich zwar über die Runden kommen, aber große finanzielle Sprünge sind dann in der Regel noch nicht möglich. Mit den ersten Gehältern der festen Arbeitsstelle wird auch viel Nachholbedarf befriedigt. Ab sofort kann man endlich, ohne vorher sein Portemonnaie zu überprüfen, ins Restaurant gehen und auch mal etwas großzügiger dinieren. Selbst regelmäßige Kino- oder Kneipenbesuche sind jetzt ohne Problem drin. Auch im Urlaub wird nicht jeder Cent zweimal umgedreht, für die eigene Wohnung lassen sich nun die lange ersehnte Couch, der neue 3D-Fernseher anschaffen, der natürlich auch schön groß sein sollte. Bei regelmäßigen Gehaltseingängen auf das Girokonto gestatten die Banken großzügige Dispositionskredite, also Sofortkredite, die man bis zu einem bestimmten Betrag jederzeit in Anspruch nehmen kann. Natürlich gehört nun auch eine Kreditkarte zur Ausstattung. Spätestens, wenn das alte Auto durch ein neues ersetzt werden soll, reicht das zur Verfügung stehende Geld auf dem Konto nicht mehr aus. Der neue Wagen muss finanziert werden. Das lässt sich ja auch bequem machen, die Geldinstitute oder Autobanken gestatten einem großzügige Möglichkeiten zum Abzahlen des Darlehens oder eine vermeintlich günstige Finanzierung. Mit dem nun zur Verfügung stehenden regelmäßigen Einkommen wachsen auch Lebensstandard und Ansprüche. Schnell gelangt man in die Situation, dass über den Monat verteilt das Gehalt komplett ausgegeben wird, oft sogar darüber hinaus. Für ungeplante Ausgaben stehen somit häufig keine Rücklagen zur Verfügung und folglich wird zwischenzeitlich der Dispositionskredit überschritten oder die Kreditkarte belastet.

Bei jungen Paaren entsteht schnell der Wunsch nach Kindern und zum Eigenheim. Wenn der Zeitpunkt gekommen ist, ein eigenes Haus zu finanzieren, nimmt man eine enorme Schuldenlast auf. Nicht selten sind es dann sechsstellige Geldbeträge, die man als Darlehen aufgenommen hat und es bedarf viele Jahre oder gar Jahrzehnte, bis die Schulden zurückbezahlt sind.

Spätestens, wenn man feststellt, dass die regelmäßigen Ausgaben höher sind als die monatlichen Einkünfte, müssen sämtliche Alarmglocken schrillen. Denn für längere Zeit monatlich mehr Ausgaben als Einnahmen zu haben, führt unweigerlich in eine Schuldenspirale und früher oder später zur privaten Insolvenz. Schulden zu haben, bedeutet nicht nur das geliehene Geld zurückzuzahlen, sondern auch als Gebühr zusätzlich Zinsen bezahlen zu müssen. Und diese sind im Standardfall deutlich höher als die Zinsen, die jemand für angelegtes Guthaben erhält.

Je höher die Schulden, desto höher auch die Zinsen. Damit wird es immer schwieriger die Schulden zu begleichen, denn der Effekt der Zinseszinsen arbeitet in diesem Fall massiv gegen den Schuldner. Sobald die Rückzahlung der Verbindlichkeit, inklusive Zinsen und Zinseszinsen, die

Höhe des monatlichen zur Verfügung stehenden Einkommens erreicht hat, ist man überschuldet. Dann sollte unbedingt eine Schuldnerberatung aufgesucht werden. Soweit muss man es aber gar nicht erst kommen lassen. Wer die eigenen finanziellen Ströme regelmäßig überwacht, kann frühzeitig genug einschreiten, sofern dies notwendig wird. Was ist also zu tun, wenn man eines Tages feststellt, die regelmäßigen Ausgaben sind höher als das regelmäßige Gehalt?

1. Schritt: Belege sammeln

Als erstes müssen die täglichen, wöchentlichen und monatlichen Ausgaben sehr sorgfältig diagnostiziert und penibel aufgelistet werden. Nun sind nicht alle Leute geborene Buchhalter, aber in diesem Fall sollte jeder in einer solchen Situation sämtliche Kassenzettel, Rechnungen, Tankquittungen, Kontoauszüge akribisch untersuchen. Wo genau sind größere Beträge oder Ausgaben, die nicht wirklich notwendig waren, abgebucht. Damit hat man schon einiges geschafft, denn jetzt liegen - wahrscheinlich erstmals seit langer Zeit - alle Ausgabenquellen übersichtlich vor Ihnen auf dem Tisch oder in Tabellenform in Ihrem PC oder Notebook zur Verfügung. Sie können nun auf einem Blick sehen, wie viel von Ihrem monatlichen Nettogehalt nach Abzug sämtlicher Ausgaben übrig bleibt.

2. Schritt: Unterscheidung zwischen notwendigen und nicht notwendigen Ausgaben

Im zweiten Schritt ist sorgfältig zu unterscheiden, was notwendige Ausgaben sind und welche ausschließlich für den Konsum getätigt werden, auf die im Zweifelsfall verzichtet werden kann. Zu den notwendigen Ausgaben gehören Miete, Stromrechnung, Versicherungen, Lebensmittel und Darlehen (soweit sie noch nicht getilgt wurden). Dies sind alles Verpflichtungen oder Grundbedürfnisse, auf die man entweder nicht verzichten kann oder die bezahlt werden müssen, damit kein Ärger droht. Aber wie wir in Kapitel 6 sehen werden, sind selbst in diesem Bereich noch Einsparungen zu erzielen. Zu den Ausgaben die unbedingt auf Notwendigkeit geprüft werden müssen, gehören Abonnements für Zeitschriften, Restaurant- und Kneipenbesuche, Urlaubsreisen, Bekleidung und Einrichtungsgegenstände. Werden wirklich alle Zeitschriften regelmäßig gelesen, die wöchentlich oder monatlich ins Haus geliefert werden oder landen diese gleich in eine Ablage und stauben dort ein? Muss wirklich mehrmals wöchentlich im Restaurant gespeist werden? Gemeinsam mit Freunden zu Hause kochen und dabei ein Glas Wein trinken kann sehr viel Spaß machen und kostet erheblich weniger Geld. Wer knapp bei Kasse ist, sollte beim Kauf von Bekleidung Markenartikel meiden und auf wesentlich günstigere Hersteller zurückgreifen, die nicht jedem geläufig sind.

Vor allem ist darauf zu achten, welche kleineren Ausgaben Sie im Laufe des Tages haben. Da wäre zum einen das belegte Brötchen auf dem Weg zur Arbeit, weil Sie daheim vermeintlich keine Zeit hatten ein Pausenbrot zu machen. Die Mittagspause lässt sich beim Bäcker nebenan mit Kaffee und Kuchen verbringen. Später auf dem Heimweg wird noch schnell ein kleines Eis von der leckeren Eisdiele verspeist. Das sind alles kleine Beträge von 2 bis 3 Euro. Aber über den Tag verteilt kommen so schnell 10 Euro zusammen. Über den Monat sind da schnell 200 Euro nur für die kleinen Ausgaben so nebenbei weg. Für einige dieser „kleinen" Ausgaben gibt es keine Belege. Daher sollte jeder einmal am Ende des Tages genau aufschreiben, wofür er eigentlich Geld ausgegeben hat. Selbst wenn es lästig erscheint, für ein bis zwei Wochen ist es sinnvoll diese Auflistung akribisch durchzuführen.

3. Schritt: Priorisierung der Konsumausgaben

Markieren Sie zunächst, welche Ausgaben Ihnen wichtig erscheinen. Anschließend gibt es einige Kostenpunkte, die Sie als „nicht unbedingt wichtig" eingeschätzt haben. Achten Sie ab sofort auf genau diese Ausgaben. Sobald Sie sich zukünftig wieder in einer Situation beim Geldausgeben erwischen, die zu dieser Gruppe Ausgaben gehört, dann lassen Sie den Kauf. Gehen noch einmal ein paar Minuten spazieren und überlegen, ob diese Ausgabe verschoben werden kann oder ob sie jetzt wirklich sein muss. So verfahren Sie jetzt häufiger und werden feststellen, dass sich auf diese Weise bereits monatlich 50 bis 100 Euro einsparen lassen. Weitere Tipps zum mühelosen Sparen gibt es in Kapitel 6.

Sobald die Situation entstanden ist, dass Ihre Ausgaben höher sind als Ihre Einnahmen, müssen Sie also unbedingt beginnen Ihre laufenden Kosten zu senken. Den Vorgang dazu haben wir eben in drei Schritten kennen gelernt. Die Reduzierung der laufenden Geldausgaben muss soweit vorangetrieben werden, bis Sie trotz Rückzahlung Ihrer Schulden am Monatsende mehr Geld aus Einkommen zur Verfügung haben, als Sie ausgeben. Es gibt noch eine zusätzliche Möglichkeit. Sofern Sie von Ihrem Arbeitgeber in absehbarer Zeit keine Gehaltserhöhung in Aussicht gestellt bekommen, können Sie entweder den Arbeitsplatz wechseln oder – noch besser – beginnen nach passiven Einkommensströmen zu suchen. Diesem Thema widmen wir uns in Kapitel 7.

Wichtig ist grundsätzlich den Unterschied zu kennen zwischen „dummen" und „intelligenten" Schulden. Ja, Sie hören richtig, es gibt auch Schulden, die Ihnen Vorteile bringen und Sie sogar weiter zu Ihrem Ziel führen, die finanzielle Freiheit zu erreichen. Dies mag sich auf den ersten Blick widersprüchlich anhören. „Dumme" Schulden sind all diejenigen Verbindlichkeiten, die Ihnen später kein Geld bringen, keinen direkten Geldfluss in Ihr Portemonnaie, sondern im Gegenteil, Sie müssen zusätzlich noch Zinsen bezahlen. Dazu gehören an erster Stelle Konsumschulden. Wer Schulden macht, um einen kostspieligen Urlaub zu unternehmen, sich einen Schrank voller Klamotten zu kaufen, um das allerneuste Modell eines Oberklassewagen erwerben zu können, der verschwendet einfach nur Geld. Es ist eine sichere Methode um sich von seinem Arbeitsplatz langfristig abhängig zu machen oder gar in die Schuldenfalle zu geraten. Eine beliebte, aber extrem teure Vorgehensweise ist, den Dispositionskredit des Girokontos zu nutzen oder gar bis zum Limit auszuschöpfen. Nicht wenige habe ich schon sagen gehört, dass sie kurz vor dem Gehaltseingang ihren kompletten Dispositionskredit ausnutzen. Für die Bank ist diese Form eine der renditeträchtigsten Geldanlage überhaupt. Generell liegen die Zinsen für diese Art von Schulden über 10 Prozent, teilweise auch bei fast 20 Prozent.

> **Tipp!**
>
> *Wenn Sie zu denjenigen gehören, die regelmäßig den Dispositionskredit nutzen, dann lohnt es sich dringend einen erheblich weniger teuren Ratenkredit aufzunehmen, um damit Ihr Konto ins Plus zu bringen. Beim Ratenkredit ist der Zinssatz fest und deutlich niedriger als bei dem Dispositionskredit und bis zur endgültigen Tilgung sind Restschuld sowie Kosten eindeutig.*

Wenn man regelmäßiges Einkommen erzielt, erhöht die Bank den Rahmen für den Dispositionskredit. Ich habe meinen Dispositionskredit auf wenige hundert Euro begrenzt. Lediglich, wenn wirklich einmal kurzfristig eine größere Abbuchung käme, an die ich nicht gedacht habe, dann würde ich maximal für 1 bis 2 Tage ins Minus rutschen. In den letzten Jahren kam dies bei mir nie vor.

Die extrem hohen Zinsen des Dispositionskredits fallen übrigens anteilsmäßig bereits an, wenn Sie auch nur einen Tag einen negativen Kontostand haben.

Es gibt allerdings auch Schulden, die sinnvoll sein können. Wer sich Geld leiht, um damit innerhalb kurzer Zeit einen positiven „Cashflow" (also einen Geldstrom ins eigene Portemonnaie) zu erreichen, der investiert das geliehene Kapital klug und kann es in der Regel in absehbarer Zeit wieder zurückzahlen. Im Idealfall tilgt sogar der positive „Cashflow" einen Teil der Raten. Zu solchen Investitionen gehört eine Unternehmensgründung ebenso dazu wie der Erwerb einer Immobilie zur Vermietung. Oder man investiert in die eigene Weiterbildung, um später Werte zu schaffen. Weiteres dazu später im Kapitel 8 mehr.

Eine andere Möglichkeit, die bei Privatanlegern nur selten vorkommt, ist einen Kredit aufzunehmen und das geliehene Geld höher verzinst anzulegen. Eigentlich hört man in jedem Ratgeber für Vermögensaufbau, kein Geld für spekulative Geschäfte zu leihen. Der Klassiker ist der Geheimtipp, mit viel Geld auf eine einzige Aktie zu setzen, die bald im Wert steigen wird und dafür einen Kredit aufzunehmen. Bitte tun Sie dies niemals! Es locken immer wieder einige so genannte Experten damit, viel Geld in eine einzige Aktie zu stecken. Wenn Sie das Kapital wirklich zur Verfügung haben, dann ist im ungünstigsten Fall Ihr Geld verloren. Das ist natürlich schon schlimm genug, aber noch verheerender wäre die Situation, wenn dieses verlorene Kapital auch noch geliehen wäre.

Nein, gemeint ist eine Zeit extrem niedriger Zinsen. Eine solche Phase ergab sich im Jahr 2010. Da konnte man sich - bei entsprechender Bonität - eine bestimmte Kreditsumme für einen Zinssatz leihen, der unter 4 Prozent lag. Bereits Aktien-ETFs, die das Ziel einer hohen Dividendenausschüttung hatten, oder offene Immobilienfonds brachten zu dieser Zeit einen regelmäßigen Ertrag von rund 4 Prozent jährlich. Einige ETFs mit Anleihen von Schwellenländern oder Fonds mit Unternehmens- und Staatsanleihen kamen auf 5 bis 6 Prozent Rendite pro Jahr. Allerdings sollte man im Vorfeld alle Kosten und Gebühren für den Kredit und die Anlage durchrechnen, sonst wird es lediglich ein Nullsummenspiel oder gar ein Verlustgeschäft.

Als Privatperson sollten Sie in den meisten Fällen dafür sorgen, keine Schulden zu haben. Es beruhigt ungemein, ein Problem weniger im Leben zu haben und sich um eine erdrückende Schuldenlast keine Sorgen machen zu müssen. Erst wenn Sie genügend Eigenkapital besitzen, dann lohnt es in manchen Fällen eine kreditfinanzierte Investition mit überschaubarem Risiko zu wagen. Im Kapitel 8 erfahren Sie mehr darüber.

Wir haben in diesem Kapitel bereits Anfänge kennen gelernt, wie man mit dem zur Verfügung stehenden Geld sparsam umgeht. Im folgenden Kapitel wollen wir die Möglichkeiten zum Sparen noch vertiefen.

Kapitel 6

Gezielt mühelos Sparen

„Einen Tag im Monat über Geld nachdenken bringt oft mehr als einen Monat hart dafür zu arbeiten."

Heiko Thieme

„Nicht durch Einkommen, sondern durch Sparen werden Sie reich. Reichtum entsteht, wenn Sie Geld behalten."

Bodo Schäfer

Kommt Ihnen folgende Lebensweise bekannt vor? Man hat einen vermeintlich sicheren Arbeitsplatz und im Laufe der Jahre wächst das monatliche Gehalt zwar nicht steil, aber dennoch einigermaßen stetig an. Das Leben mit regelmäßigen Restaurantbesuchen, Auto und Urlaub lässt sich recht gut finanzieren und wenn das Geld gerade nicht ausreicht, dann würde die Bank bequem einen beinahe beliebigen Kredit gestatten. Abends laufen in den Nachrichten Themen wie zunehmende Arbeitslosigkeit für Altersgruppen ab 50 Jahren, die unsicheren Renten, die Erhöhung des Renteneintrittsalters, der demographische Wandel mit immer länger lebenden Menschen bei gleichzeitig zurückgehenden Geburtenraten. Zudem hört man seit 2008 immer wieder von der Verschuldungskrise in Europa, die auch uns Steuerzahler wahrscheinlich betreffen wird. Auch die Frage, ob der Euro noch sicher sei, taucht häufiger auf.

Alles Themen, bei denen viele ins Grübeln kommen. Man sollte irgendwann einmal etwas tun, um sich gegen diese Eventualitäten beispielsweise mit einer privaten Altersvorsorge abzusichern, schießt es einem gelegentlich durch den Kopf. Aber man sei ja noch jung, der eigene Arbeitsplatz sei vermeintlich sicher und später, wenn man viel mehr Geld verdiene als heute, dann bliebe noch ausreichend Zeit um genug zu sparen. Jetzt geht das gerade nicht, denn "am Ende des Geldes ist immer noch eine Menge Monat übrig", falls einmal irgendwann am Monatsende Geld übrig sein sollte, dann könne man ja mal ein paar Euro zurücklegen.

Die Frage bleibt jedoch, warum ist zum Sparen am Ende des Monats kein Geld mehr übrig? Das beginnt bereits beim Bruttogehalt. Der größte Posten ist die Lohnsteuer, dann folgt der Krankenversicherungs-, Rentenversicherungs- und Arbeitslosenversicherungsbeitrag. Erst im September 2010 hat das Bundesverfassungsgericht entschieden, dass auch der Solidaritätszuschlag bleibt. Wer einer Konfession angehört, bezahlt zudem noch Kirchensteuer. Erst was danach noch übrig bleibt, ist das Nettogehalt, welches auf dem Girokonto landet. Davon gehen beim Blick auf den Kontoauszug Geldbeträge für Miete, Versicherungen, Friseur, Clubrechnung, die Kreditrückzahlung ab. Selbstverständlich muss das alles pünktlich bezahlt werden. In vielen Fällen ist dies jedoch gleichbedeutend damit, dass sämtliches monatliches Gehalt sofort an andere durchgereicht wird, bis nichts mehr übrig bleibt.

Sofern es Ihnen ähnlich wie oben beschrieben geht, sollten Sie ernsthaft ins Grübeln kommen. Denn in dem Fall geben Sie Ihr gesamtes monatliches Einkommen nur für in Anspruch genommene Dienstleistungen und andere vermeintlich angenehme oder wichtige Konsumgüter aus. Bei genauer Betrachtung reichen Sie Ihr hart verdientes Geld also nur an andere weiter. „Na und?!", werden Sie vielleicht erwidern, Sie gingen auch täglich hart arbeiten, dann hätten Sie auch ein Recht darauf sich viele

Wünsche zu erfüllen. Mit dieser Aussage kann ich Ihnen natürlich nicht widersprechen. Wer arbeiten geht, kann sich eben auch einiges in seiner Freizeit gönnen.

Dennoch gebe ich Ihnen zu bedenken, warum Sie nicht versuchen, einen Teil Ihrer Freizeit zu nutzen, um Ihr Einkommen durch Strategie oder einer cleveren Idee zu erhöhen? Was wäre denn, wenn Sie - aus welchen Gründen auch immer - von einem Tag auf den anderen keine Arbeit mehr hätten oder sogar nicht mehr arbeiten gehen können? Es gibt viele Gründe, warum man bei einem Unternehmen in Ungnade fallen kann oder es einem in seinem aktuellen Beruf keinen Spaß mehr macht. Oder noch schlimmer, was wäre wenn Sie erkranken oder verunglücken würden und deshalb nicht mehr ins Erwerbsleben zurückkehren könnten? Zum ersten Fall kommen wir später zurück. Wenn Sie im Fall der Arbeitslosigkeit nicht sofort eine neue Arbeitsstelle finden, die Ihnen auch gefällt, dann hätten Sie erst einmal keine Einkünfte. Natürlich könnten Sie einen Antrag auf Arbeitslosengeld stellen. Doch ist der daraus resultierende, monatlich ziemlich begrenzte, Geldeingang in den meisten Fällen keine wirklich adäquate Alternative für Ihr vorheriges Gehalt. Im Fall einer Berufsunfähigkeit durch Krankheit oder einen Unfall erhalten Sie lediglich einen kleinen Teil staatlicher Rentenzahlung - wenn Sie nicht gerade kurz vor dem Renteneintritt stehen. In jungen Jahren kann es daher durchaus sinnvoll sein eine Berufsunfähigkeitsversicherung abzuschließen, allerdings sollten Sie dann auch auf das vertraglich Kleingedruckte schauen und im Fall der Fälle die monatliche Auszahlung nicht zu niedrig auswählen.

Um gar nicht erst in oben beschriebene finanzielle Notsituationen zu gelangen, kommen Sie nicht umher zu Sparen. Wahrscheinlich werden Sie jetzt die Augen verdrehen und sind vielleicht geneigt das Buch beiseite zu legen. Sparen gilt gemeinhin als „unsexy", es sei nur was für „Spießer" und Langweiler. Ich sage Ihnen an dieser Stelle, dass Sparen zum einen nicht schwer ist und zudem auch keine zahlreichen Entbehrungen mit sich bringt. Zum anderen zeige ich Ihnen gleich: Jeder, der spart, wird bereits in nicht allzu ferner Zukunft keine finanziellen Sorgen mehr verspüren. Langfristig ist Sparen ist der Grundstein dafür, dass Sie zwangsläufig reich und vermögend werden.

6.1 Sich selbst bezahlen

So wie regelmäßig monatlich Geld vom eigenen Girokonto an Ihren Vermieter, Ihre Versicherung, Ihre Bank oder Ihren Verein fließt, richten Sie sich einen weiteren Dauerauftrag ein. Dieser überweist einen gewissen Betrag auf ein eigenes separates Konto. Um sich diesen Betrag besser vorzustellen und sich auch beim Blick auf die Kontoauszüge daran erfreuen können, benennen Sie diesen Dauerauftrag am besten mit Ihrem Namen. Ja, Sie haben richtig gelesen. Auf dem Kontoauszug steht nun ab sofort jeden Monat eine Summe von Ihrem Nettogehalt, die direkt an Sie persönlich überwiesen wird. Dies könnte beispielsweise ein Tagesgeldkonto sein. Wichtig dabei, es muss ein anderes Konto als das Girokonto sein. Auf den Girokonten finden im Standardfall zahlreiche Geldbewegungen statt, dies soll auch so bleiben. Am besten ist es sogar, Sie eröffnen bei einer anderen Bank ein weiteres Konto. Heutzutage bezahlt man für ein Giro- oder Tagesgeldkonto in den meisten Fällen keine Gebühren mehr. Und die mit Ihrem Namen versehenen Überweisungen auf ein separates Tagesgeldkonto rühren Sie nicht mehr an. Das ist ganz wichtig, auch wenn gerade ein neuer Wohnzimmerschrank im Angebot ist oder beim Discounter neue Notebooks zu kaufen sind. Von diesem angesparten Geld werden niemals, unter gar keinen Umständen, Konsumwünsche erfüllt!

Der Dauerauftrag für "sich selbst bezahlen" sollte so eingerichtet werden, dass der Betrag als erstes nach dem Eingang des monatlichen Gehalts abgebucht wird. Erst anschließend werden alle anderen Rechnungen beglichen. Als Einstiegswert bieten sich etwa 10 Prozent des monatlichen Nettogehalts an. Wenn das monatliche Netto-Gehalt beispielsweise 2000 Euro beträgt, dann werden 200 Euro direkt auf das separate Konto überwiesen. Da das Geld, welches Sie an sich selbst bezahlen, sofort nach Gehaltseingang von Ihrem Girokonto verschwunden ist, kommen Sie auch gar nicht in die Versuchung es auszugeben. 10 Prozent ist ein Wert, den man im alltäglichen Leben nicht ernsthaft spürt. Sollten Sie bislang sehr großzügig gelebt haben und merken, es klappt mit einer Sparquote von 10 Prozent nicht auf Anhieb, dann beginnen Sie mit 5 Prozent. Wir werden bald dazu kommen, wie Sie Ihre Sparquote ohne größere Probleme sogar noch anheben können.

Zunächst scheint das Abbuchen in Höhe von 10 Prozent Ihres Gehalts ein bisschen ungewohnt sein. Mit der Zeit bemerken Sie diese 10 Prozent vom monatlichen Netto-Gehalt überhaupt nicht und wenn Sie ein wenig auf Ihre täglichen Ausgaben achten, werden Sie feststellen, dass sogar noch eine höhere Sparrate möglich ist. Möglicherweise werden Sie nun sagen: „Das geht gar nicht, ich komme mit meinem jetzigen Gehalt gerade so über die Runden und nun soll davon noch regelmäßig was gespart werden?" Nun, vielleicht listen Sie Ihre täglichen Ausgaben penibel auf - nur für eine Woche. Einige kaufen vor der Arbeit ein Baguette (ca. 3 Euro), andere gehen mittags regelmäßig im Restaurant essen (ca. 12 Euro) oder zu Starbucks um einen Kaffee und Kuchen zu verspeisen (ca. 7 Euro), abends ist ein regelmäßiger Besuch in der Kneipe um die Ecke, in der Weinstube oder im Biergarten üblich (ca. 10 Euro). Regelmäßige Raucher verkonsumieren am Tag etwa eine halbe oder ganze Schachtel Zigaretten (ca. 5 Euro). Oder was ist mit den Einkäufen der Grundnahrungsmittel? Es dürfte mittlerweile bekannt sein, dass Lebensmittel-Discounter wie Aldi, Lidl, Penny oder Netto nicht nur preiswerte und frische Artikel im Sortiment haben, sondern dass sich hinter den ganzen "No-Name-Marken" die bekannten Hersteller stecken. Wegen des enormen Umsatzes können die großen Discounter mit den Marken-Herstellern günstigere Einkaufspreise aushandeln. Aber selbst die anderen Nahrungsmittelketten haben immer auch preiswerte Ware im Angebot. Erst 2011 hat Stiftung Warentest bestätigt, dass die Lebensmittel bei Discountern qualitativ oft die oberen Plätze belegten.

Bei mir ist es zum Beispiel üblich, den Grundeinkauf bei einem Discounter zu erledigen und lediglich spezielle Produkte - sei es weil sie mir besser schmecken, selten zu bekommen sind oder qualitativ noch hochwertiger sind - kaufe ich bei Nahrungsmittelketten mit einem größeren Angebot oder in Spezial-Geschäften.

Auch im alltäglichen Haushalt lässt sich über das Jahr verteilt einiges an Strom und Wasser sparen. Derzeit lösen LEDs die früher üblichen Glühlampen immer mehr auf dem Markt ab. Die besonders in den Jahren 2009 und 2010 angepriesenen Energiesparlampen sind wohl eher als Zwischenlösung zu der LED-Beleuchtung anzusehen. Wer sich ein LED-LCD-TV zulegt, wird sich bei gleichzeitig guter Bildqualität darüber wundern, dass die Wärmeentwicklung des Fernsehers sehr verhalten ist.

LED-Lampen mit 3 Watt stehen in der Leuchtkraft herkömmlichen Licht-quellen von rund 20 Watt kaum etwas nach. LED-Lampen sind trotz der-zeit etwas höherer Anschaffungskosten wahre Stromkostensenker und zudem nicht nur stoßunempfindlich, sondern halten oft 25 000 bis 50 000 Stunden. Tauschen Sie Ihre bisherigen Leuchtkörper gegen LED-Lampen aus und beobachten anschließend den Stromverbrauch. Wenn Sie zudem noch darauf achten, in nicht benutzten Räumen das Licht auszuschalten und generell Elektrogeräte nicht im Stand-by-Betrieb zu belassen, kommt man recht mühelos auf einen 10 bis 20 Prozent niedrigeren Strom-verbrauch.

Auch beim Wasserverbrauch lässt sich einiges machen. Derzeit verbrau-chen wir in Deutschland pro Tag und pro Kopf rund 125 Liter Wasser. Vielen ist diese Zahl gar nicht bewusst. Aber alleine bei jedem Gang zur Toilette fließen 5 bis 6 Liter reines Trinkwasser pro Spülung in die Kanali-sation. Heutzutage gibt es viele Möglichkeiten die Menge pro Spülung zu reduzieren. Wer täglich duscht, statt badet, spart am Wasserverbrauch. Auch wer beispielsweise seinen mechanischen gegen einen elektroni-schen Durchlauferhitzer austauscht, kann sowohl Wasser, aber vor allem auch Strom sparen.

Es gibt im täglichen Leben zahlreiche weitere Möglichkeiten bares Geld zu sparen. So verkaufen einige Bäcker kurz vor Ladenschluss ihr Brot für einen reduzierten Preis. Einige Lebensmittel, die im Sonderangebot sind, lassen sich vorkochen oder braten und anschließend einfrieren. Gebrauchsgegenstände können im Internet günstiger als in einer Filiale erstanden werden, bekannt dafür ist beispielsweise die Plattform eBay. Wer verreisen möchte, kann bereits frühzeitig Ausschau nach Angeboten für Flug- oder Bahnreisen halten. Auch eine Mitfahrzentrale könnte eine Alternative für Reisen sein. Wer nur kurze Wege in der Nähe seines Wohnortes zurücklegt, der könnte statt auf den PKW lieber auf das Fahrrad zurückgreifen oder zu Fuß gehen.

Nach einer Woche Auflisten der täglichen Ausgaben, lassen sich garantiert Punkte finden, mit denen etwa 6 bis 7 Euro täglich einzusparen sind. Und schon wären wir bei den oben erwähnten rund 200 Euro pro Monat. Ganz wichtig ist das Umschalten auf "Automatik". Dies bedeutet, nach Eingang des monatlichen Gehalts werden unverzüglich automatisch 10 Prozent auf ein separates Konto überwiesen. 200 Euro im Monat sind 2400 Euro im Jahr, in 5 Jahren 12000 Euro, in 30 Jahren 72000 Euro! Und dabei ist noch nicht einmal das mächtigste Werkzeug berücksichtigt - die Macht der Zinseszinsen. So wie verschuldete Personen, Haushalte oder Staaten unter den Zinsen und Zinseszinsen leiden, können wir uns auf die Anleger- oder Gläubiger-Seite stellen und die Vorteile nutzen. Das schauen wir uns gleich noch genauer an.

6.2 Wie die Sparrate erhöhen?

Wie kann nun die Sparrate erhöht werden, ohne dass dies mit spürbaren Einschränkungen verbunden ist? Einschränkungen demotivieren auf die Dauer und wenn etwas keinen Spaß macht, dann wird das "Projekt" über kurz oder lang scheitern. Es gibt einen Trick, um die Sparrate weiter zu erhöhen, ohne sich einschränken zu müssen. Bei der nächsten Gehaltserhöhung wird ein Teil davon – sagen wir 50 Prozent - für den Konsum verwendet. Die anderen 50 Prozent der Gehaltserhöhung werden zur monatlichen Sparrate dazugegeben. Da wir bislang mit 90 Prozent des gesamten Gehalts auskamen (10 Prozent davon bezahlen wir ja schon eine Zeit lang an uns selbst), steht nun mehr Geld zur freien Verfügung und dennoch erhöht sich die Sparrate. Bleiben wir der Einfachheit halber als Beispiel bei den bereits oben genannten 2000 Euro netto. Da wir jeden Monat 200 Euro gespart haben, standen uns 1800 Euro zur freien Verfügung. Nun gibt es eine Gehaltserhöhung von 100 Euro. Somit stehen nun 1850 Euro für sämtliche Ausgaben bereit, aber gleichzeitig hat sich die Sparrate auf 250 Euro erhöht.

Genauso sollte mit Weihnachts-, Urlaubsgeldern und eventuellen Zusatzzahlungen verfahren werden.

6.3 Die Macht des Zinseszinses

Kommen wir zum "Renditeturbo" aller Spar- und Geldanlagen, dem Zinseszins. Wer seine Ersparnisse unter dem Kopfkissen aufbewahrt oder im Garten vergräbt, muss mit ansehen wie die Inflation den Wert der Ersparnisse immer mehr verzehrt. Nicht viel besser ergeht es dem Geld auf den beliebten Sparbüchern, die lediglich 0,5 Prozent Zinsen bringen. Zum Aufbewahren von erspartem Geld bieten sich heutzutage Tagesgeldkonten an. Dort ließen sich 2011 rund 2 Prozent Zinsen pro Jahr erzielen. Das Ganze bei täglicher Verfügbarkeit – aber wir erinnern uns daran, dass wir dieses Geld nicht für den Konsum verwenden! Die tägliche Verfügbarkeit kommt uns aber dennoch entgegen, wie wir in Kapitel 8 sehen werden.

Die regelmäßigen jährlichen oder quartalsweisen Zinsen schützen die Ersparnisse vor der Inflation und generieren im günstigen Fall sogar noch zusätzlichen Gewinn. Die erste Zinszahlung bezieht sich lediglich auf die Grundersparnisse. Die zweite Zinszahlung betrifft nicht nur die Grundersparnisse, sondern auch die Gutschrift aus der ersten Zinszahlung. Bei der dritten Verzinsung werden auch die beiden ersten Zinszahlungen berücksichtigt. Jahr für Jahr entwickelt sich so ein Schneeballsystem und je mehr Zeit zur Verfügung steht, desto beeindruckender wird der Effekt der Zinseszinsen. Bleiben wir bei dem oben genannten Beispiel:

Sparrate 200 Euro monatlich (keine Verzinsung)

→ 12 000 Euro in 5 Jahren

→ 24 000 Euro in 10 Jahren

→ 48 000 Euro in 20 Jahren

→ 72 000 Euro in 30 Jahren

Betrachten wir nun einen Zinssatz von 4 Prozent pro Jahr an (das könnten beispielsweise Anleihen von Schwellenländern oder Tagesgeld in Hochzinsphasen sein):

→ 13 280,82 Euro in 5 Jahren

→ 29 438,97 Euro in 10 Jahren

→ 73 015,85 Euro in 20 Jahren

→ 137 520,27 Euro in 30 Jahren

Betrachten wir nun einen Zinssatz von 8 Prozent pro Jahr an (das könnte beispielsweise ein weltweit anlegender Aktienfonds oder –ETF sein):

→ 14 689,97 Euro in 5 Jahren

→ 36 274,35 Euro in 10 Jahren

→ 114 587,96 Euro in 20 Jahren

→ 283 661,16 Euro in 30 Jahren

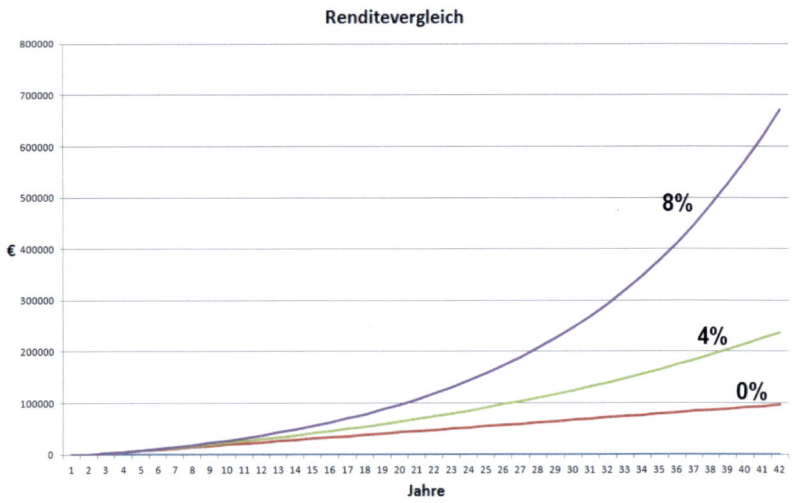

Abbildung 3: Der Zinseszins-Effekt ist in den ersten Jahren nur wenig ausgeprägt. Aber nach einigen Jahren entfaltet er seine ganze Stärke. Nach 30 Jahren macht, bei einer monatlichen Sparrate von 200 Euro, der Unterschied zwischen einer Verzinsung von 4 Prozent und 8 Prozent über 150 000 Euro aus. Nach 40 Jahren ist der Unterschied bereits auf 434 000 Euro angewachsen.

Wir sehen also, mit der Zeit wird der Zinseszins-Effekt immer gewichtiger. Dies ist auch der Hauptgrund, um mit dem regelmäßigen

Sparen möglichst frühzeitig anzufangen. Die letzten beiden Sätze sollten Sie sich einprägen. Unser Leben ist endlich, dennoch steigt unsere Lebenserwartung dank des medizinischen Fortschritts immer weiter an. Je älter wir werden, desto mehr können wir vom Zinseszins profitieren, Voraussetzung ist, dass wir früh genug anfangen regelmäßig Geld zu sparen und zu investieren.

Ein berühmtes Beispiel dazu: Was wäre passiert, wenn vor rund 2000 Jahren (also zur vermutlichen Geburt von Jesus Christus) 0,01 Euro (also ein Cent) zu 4 Prozent pro Jahr angelegt worden wäre?

Nach 100 Jahren wäre ein Gesamtbetrag von 0,51 Euro, nach 200 Jahren 25,51 Euro, nach 500 Jahren bereits 3.286.015,82 Euro zusammengekommen. Im Jahre 2000 hätte diese Geldanlage den unvorstellbaren Wert von:

172.588.554.175.218.705.025.796.459.724.800,00 Euro.

In Worten: 172 Quintillion 588 Quadrilliarden 554 Quadrillionen 175 Trilliarden 218 Trillionen 705 Billiarden 25 Billionen 796 Milliarden 459 Millionen 724 Tausend 800 hundert Euro.

Das ist natürlich ein rein hypothetisches Beispiel, so lange lebt natürlich kein Mensch. Aber es zeigt sehr beeindruckend wohin der Zinseszins nach langer Zeit führen könnte.

Bereits nach einigen Jahrzehnten kann der Zinseszins sehr beeindruckend sein (siehe Grafik in Abbildung 3). Je nachdem auf welcher Seite man steht, ist der Zinseszins für Anleger oder Gläubiger ein Segen, für Schuldner hingegen ein wahrer Fluch.

Übrigens, der Zinseszins gilt auch an den Stellen, an die man im ersten Moment eventuell nicht denkt. Viele Leute spielen wöchentlich Lotto um einem nahezu unerreichbaren Traum nachzuhängen. Sicher, theoretisch ist die Chance auf den Jackpot natürlich gegeben. Aber die Wahrscheinlichkeit für den Hauptgewinn (sechs richtige Zahlen plus korrekter Superzahl) liegt bei 1:140 Millionen (in Zahlen 1:140 000 000). Wer sein wöchentliches Lottogeld dagegen 20 oder 30 Jahre spart und anlegt, erntet eine hübsche Summe, während viele andere noch einem sehr unwahrscheinlichen Traum, nämlich reich durch einen Lottogewinn zu werden, nachhängen.

Wer wöchentlich 10 Euro für Lotto bezahlt, hat nach 20 Jahren 9 880 Euro ausgegeben. Bei einer jährlichen Verzinsung von 4 Prozent hätten daraus bereits 14 964 Euro werden können. Nach 30 Jahren Lottospielen wären 15 080 Euro ausgegeben, dieses Geld bei 4 Prozent Zinsen angelegt, hätte 28 644 Euro ergeben. Hier sehen wir, dass sich der Lottoeinsatz nach 30 Jahren fast verdoppelt hätte.

6.4 Sparen und gleichzeitig Schulden tilgen?

Wie sollte man vorgehen, wenn noch Schulden abzubezahlen sind? Aus Sicht der reinen Rendite sollten zunächst sämtliche Schulden bezahlt werden, da die Tilgungszinsen im Standardfall höher sind als die Zinsen und Dividenden für Kapitalanlagen. Aus Sicht der Motivation - da man nach Abzahlen der Schulden quasi erst bei 0 angekommen ist - böte sich an, von der monatlichen Sparrate 50 bis 70 Prozent zur Tilgung der

Schulden zu gebrauchen und entsprechend 30 bis 50 Prozent als Sparrate für das eigene Tagesgeldkonto zu verwenden. Das hätte die Motivation einerseits die Schulden abzubauen, zum anderen man aber auch sieht, wie sich langsam aber sicher Kapital anhäuft. Sobald Sie die finanzielle Nulllinie nach oben überqueren, können Sie sich bereits ein Glas Sekt gönnen. Von diesem Zeitpunkt an können Sie sich anschauen, wie Ihr Vermögen zunächst langsam, im Laufe der Zeit aber immer schneller wächst.

6.5 Welcher Betrag sollte als finanzieller Schutz verfügbar sein?

Wer bis hierher alle Ratschläge und Hinweise befolgt hat, kann sich auf den ersten - wahrscheinlich sogar wichtigsten - Erfolg freuen, und das völlig zu Recht. Es werden nun mindestens 10 Prozent - wenn möglich sogar mehr - vom monatlichen Netto-Gehalt gespart, und zwar völlig automatisch. Mit der Zeit werden Sie feststellen, dass es gar nicht so schwer fällt unter seinen Verhältnissen zu leben. Es gibt einige Leute, die trotz eines eher mäßigen Verdienstes dauerhaft weniger ausgeben als sie einnehmen. Und zwar ohne große Mühe. Sie haben sich an ein maßvolles Leben gewöhnt und sparen somit quasi automatisch. Weil es so entscheidend wichtig ist, werde ich den Satz noch einmal hervorheben.

Merksatz!

Wer dauerhaft unter seinen Verhältnissen lebt, häuft unweigerlich eine große Geldmenge an und wird langfristig reich!

Nun stellt sich die Frage, ab welchen Betrag stärker auf die Rendite geschaut werden sollte. Wir erinnern uns, der erste Schritt war die monatliche Einzahlung auf ein Tagesgeldkonto vorzunehmen. Dort erwarten einen etwa 1 bis 3 Prozent Zinsen, was für den Anfang o.k. ist, aber Ziel sollte sein, irgendwann auf 4 bis 8 Prozent Zinsen pro Jahr zu kommen.

Möglicherweise werden einige nun anmerken, dass 4 bis 8 Prozent aber ein bescheidenes Ziel sind. Meine Erfahrung zeigt aber, dass eine dauerhafte Rendite im zweistelligen Bereich nicht möglich ist, ohne das Risiko stark zu erhöhen. In starken Hausse-Zeiten an den Aktienmärkten sind über 10 Prozent pro Jahr möglich, allerdings nicht dauerhaft. Einigermaßen zuverlässig ist eine Zielrendite zwischen 4 und 8 Prozent in einem Jahr.

Wie viel Geld sollte denn nun längerfristig, damit auch höher verzinst als auf einem Tagesgeldkonto angelegt sein und wie viel sollte für Notfälle als „flüssig" rasch zur Verfügung stehen? Die Frage lässt sich nicht mit einer festen Zahl beantworten, sondern jeder sollte sich fragen: Wie lange könnte ich überraschende Notfälle, wie den Verlust des Arbeitsplatzes oder einen plötzlichen Unfall oder überraschende Krankheit, unerwartet notwendig gewordene größere Ausgaben überbrücken, ohne nicht mehr die laufenden monatlichen Ausgaben wie Miete, Strom, Versicherungen bezahlen zu können?

Dazu ist wichtig seine regelmäßig notwendigen monatlichen Ausgaben zu kennen und wie lange man Zeit haben möchte, um den eigenen Notfall zu überbrücken. Jemand, der in jungen Jahren als EDV-Experte unterwegs ist, würde relativ rasch wieder neue Arbeitsmöglichkeiten finden. Hier sind lediglich einige Netto-Monatsgehälter als Reserve notwendig. Jemand der bereits ein Alter von Ende 40 erreicht hat, und sich in einem Umfeld mit vielen nachrückenden jungen Kräften befindet, wird es sicher schwieriger haben eine neue Arbeit zu finden. Daher bietet sich hier für die Notplanung Überbrückungsgeld für fast ein ganzes Jahr an.

Im Herbst 2010 kam vom damaligen Gesundheitsminister Rösler der Vorschlag, dass alle Versicherten in der gesetzlichen Krankenkasse in Vorkasse treten müssten. Es ist zwar fraglich, ob dieser Vorschlag gleich umgesetzt wird, aber er zeigt die Richtung an, in die es gehen könnte. Nach Umsetzung dieses Vorschlags von Herrn Rösler müsste man sich auch für eventuelle Krankheitsfälle ein finanzielles Sicherheitspolster anlegen. Denn sollte sich jemand wegen einer chronischen Erkrankung regelmäßig in ärztlicher Behandlung befinden oder jemand im Krankenhaus einer Operation unterziehen lassen, wären bei Vorkasse gleich mehrere hundert oder gar tausend Euro fällig. Selbst wenn man das vorausbezahlte Geld später wieder zurückbekäme, es würde vorübergehend ein durchaus größeres Loch auf dem eigenen Konto entstehen lassen.

Soweit zur Rubrik Notfälle. Im Grunde könnten sogar zwei Reservekonten sinnvoll sein. Eines für die oben beschriebenen absoluten Notfälle, ein weiteres für unvorhergesehene, aber längerfristig zu erwartende Ausgaben. Dazu gehört eine Werkstattreparatur für das Auto oder auch für ein neues Auto, ein defekter Fernseher, Kühlschrank sowie eine zu ersetzende Waschmaschine oder andere Sachgegenstände, die für das alltägliche Leben wichtig sind. Wenn die Disziplin aufgebracht wird, das Notfallkonto nach Gebrauch rasch wieder aufzufüllen, reicht natürlich auch ein Konto.

Kommen wir noch einmal zum Thema Auto. Speziell in Deutschland ist das Automobil oft ein Statussymbol. Da werden ganze Tage verbracht, um den eigenen Wagen zu putzen, polieren oder sonst wie aufzuhübschen, um anschließend voller Stolz damit umherzufahren. Es werden ganze Ersparnisse aufgewendet oder gar hohe Kredite aufgenommen, um sich ein möglichst großes und schnelles Auto zu leisten. Dabei verkennen viele Leute, was ein Auto letztendlich ist, nämlich ein Gebrauchsgegenstand. Auch bei täglicher Benutzung zur Arbeit steht ein Auto die meiste Zeit irgendwo herum, vor Ihrer Wohnung, auf dem Parkplatz Ihrer Firma, im Parkhaus am Flughafen und kostet Geld. Nicht nur planbare Ausgaben wie der Anschaffungspreis, auch TÜV, Inspektionen, Winterreifen, Versicherungen und Steuern. Nicht zu vergessen die nicht planbaren Kosten für Reparaturen oder die Beseitigung von Unfallschäden. Dazu kommt noch der hohe Preis für Kraftstoff. Niemand weiß, wohin sich der Ölpreis kurzfristig entwickelt. Allerdings haben wir bereits im Jahr 2008 gesehen, wie schnell er sich auch innerhalb kurzer Zeit verdoppeln kann. Wenn gleichzeitig auch noch der Euro gegenüber dem US-Dollar schwach bewertet ist, dann kostet Kraftstoff richtig viel Geld.

Laut einer ADAC-Statistik kostet ein Wagen durchschnittlich rund 250 Euro pro Monat, das sind 8 Euro pro Tag, 0,35 Euro pro Stunde und zwar egal, ob das Auto gerade steht oder fährt. Zunächst einmal rate ich Ihnen ernsthaft zu prüfen, ob ein Auto überhaupt notwendig ist. Als Single oder kinderloses Paar in einer Großstadt kommt man in der Regel mit den öffentlichen Verkehrsmitteln, bei schönem Wetter auch mit dem Fahrrad, gut zurecht. Das schont einerseits die Umwelt, andererseits sind Sie durch mehr Bewegung auch fitter, als wenn Sie ständig sitzend im Auto umherfahren. Es gibt sicher Situation, bei denen ein Auto sehr sinnvoll oder gar notwendig ist, um den Tagesablauf vernünftig bestreiten zu können. Wer fern ab von Städten wohnt oder kleine Kinder zum Kindergarten oder in die Schule bringen muss, für den macht ein Automobil sicherlich Sinn. Allerdings muss es dann auch nicht unbedingt ein Neuwagen oder ein besonders großes Modell sein. Gemeinhin ist davon auszugehen, dass alle PKW nach dem ersten Jahr nach Neuzulassung bei einer Fahrleistung von 15 000 Kilometern einen Wertverlust von ca. 20 bis 25 Prozent verzeichnen. Die folgenden Jahre schlagen mit etwa 5 bis 6 Prozent zu Buche. Nach vier Jahren mit durchschnittlicher Fahrleistung hat das Fahrzeug je nach Typ rund 40 bis 50 Prozent Wertverlust im Vergleich zu einem Neuwagen erlitten. Aus dieser Sicht betrachtet, kommen für mich bei dem Erwerb eines Pkws nur Fahrzeuge in Betracht, die mindestens vier Jahre alt sind. Bei dem heutigen Stand der Technik und der Materialbenutzung lassen sich Fahrzeuge mit diesem Alter noch ohne größere Auffälligkeiten in der Pannenstatistik drei bis fünf Jahre fahren.

Tipp!

Mehr als zwei bis drei Netto-Monatsgehälter pro Haushalt sollten es für den Kauf eines Fahrzeuges nicht sein.

Die aufgeführten Beispiele decken etwa die Spannweite der Gewohnheiten einer breiten Bevölkerungsschicht ab. Je nach persönlicher Einschätzung und Gewohnheit kann die empfohlene Spanne des finanziellen Schutzes natürlich etwas über- oder unterschritten werden. Kalkulieren Sie aber nicht zu knapp, denn ein Unglück kommt bekanntlich selten allein. Als Faustformel können 6 bis 12 Netto-Monatsgehälter angesehen werden. Um diesen finanziellen Schutz rasch zu erhalten, sollte der Fokus zunächst auf dieses Ziel gerichtet sein. Sie werden merken, sobald das Vorsorgesparen begonnen hat, schlafen Sie beruhigter und verspüren kaum bis keine finanziellen Ängste mehr. Sie tun damit zusätzlich auch etwas Positives für Ihre Gesundheit. Sollte wirklich einmal ein Notfall eintreten, dann gilt als erstes Ziel anschließend diese Notreserve wieder aufzufüllen. Erst wenn das zur Verfügung stehende Kapital 6 bis 12 Monatsgehälter übersteigt, geht es vorrangig darum dieses renditestark anzulegen.

Bevor wir nun dazu kommen, wie konkret Kapital, welches über den eigenen finanziellen Schutz hinausgeht, anzulegen ist, widmen wir uns der Notwendigkeit zu, neben seinem üblichen aktiven Einkommen auch passives Einkommen zu schaffen. Das Erzielen von passivem Einkommen ist ein zentrales Thema in diesem Buch.

Kapitel 7

Passives Einkommen schaffen

Parabel: Bist Du noch Wasserträger oder baust Du bereits an Deiner Pipeline?

Etwa um das Jahr 1800 herum wurden in einem süditalienischen Dorf zwei Wasserträger gesucht. Sie sollten die Versorgung des Dorfes mit Wasser sicherstellen. Beide erfüllten ihren Job und bekamen für jeden Eimer Wasser pünktlich ihren Lohn. Einer lebte davon abends gut und gab seinen Verdienst in der Taverne gerne wieder aus. Dem anderen gefiel die Aussicht nicht, für viele Jahre, Tag für Tag, die körperlich schwere Arbeit zu verrichten. Daher begann er, nach Feierabend an einer Wasserleitung zu bauen. Die Leute lachten ihn aus, weil er noch abends nach seiner eigentlichen Tätigkeit arbeitete. Nach einem Jahr harter Arbeit, hatte er bereits die Hälfte der Leitung fertig gestellt. Weil er das Wasser bereits umgeleitet hatte, musste er auch nur noch die Hälfte des Weges die Eimer tragen. Daher war der Arbeitstag für ihn schneller beendet und er hatte mehr Zeit für den weiteren Bau der Pipeline zur Verfügung. Sein Freund, der Wasserträger, schleppte noch immer tagsüber die Eimer und sich selbst jeden Abend in die Gaststätte. Die harte Arbeit hinterließ ihre Spuren und er schleppte sich immer mühsamer mit den Wassereimern über den Tag.

Es vergingen noch einige Monate und dann hatte der Pipeline-Bauer seine Leitung fertig gestellt. Keiner der Dorfbewohner lachte mehr. Sie bewunderten seine Weitsicht, seinen Mut und sein Durchhaltevermögen.

Und, er bekam noch immer für die Maßeinheit eines Eimers seine Entlohnung, obwohl er längst keine Eimer mehr schleppen musste.

Stattdessen widmete er sich seinen Vorlieben, seiner Familie, er tat Gutes für die Dorfgemeinschaft und eines Tages zog er aus, um weiteren Menschen das Pipeline-Bauen beizubringen…

Diese Anekdote kann man auch auf unsere Zeit, auf unser heutiges alltägliches Leben projizieren. Denn bei der Ausübung eines konventionellen Jobs werden Sie nur bezahlt, wenn Sie auch regelmäßig arbeiten. Falls Sie spontan einmal 2 bis 3 Wochen nicht zur Arbeit zu gehen möchten, bekommen Sie auch kein Geld, weder von Ihrem Chef, noch werden die Aufgaben in einer selbstständigen Tätigkeit von alleine erledigt. Im schlimmsten Fall verlieren Sie Ihren Arbeitsplatz oder Ihre Kunden. Sie verkaufen also einen Teil Ihrer Zeit gegen Geld und befinden sich somit in einem Hamsterrad. Selbst wenn es in Ihrem Unternehmen gut läuft, den größten Teil der Gewinne bekommen nicht Sie, sondern Ihr Chef und vor allem die Investoren. Sie hingegen bekommen lediglich vergleichsweise kleinere Gehaltserhöhungen - wenn überhaupt. Um deutlich mehr Geld zu erhalten, müssten Sie auch erheblich mehr arbeiten, sei es in Form von mehr Arbeitsstunden oder Nebenjobs. Aber in allen genannten Fällen gilt: Sobald Sie - aus welchen Gründen auch immer - nicht mehr Ihre Zeit für die Arbeit aufbringen können oder wollen, bekommen Sie auch kein Gehalt, mit dem Sie Ihren Lebensstandard finanzieren können. Sie sind im Hamsterrad gefangen.

Erst wenn die Ausübung des eigenen Berufs aus irgendwelchen Gründen gefährdet ist, fällt oftmals auf, wie abhängig viele vom aktiven Einkommen ihres ausgeübten Berufs sind. Längere Krankheitsphasen oder gar Berufsunfähigkeit, Ärger mit Kollegen oder dem Chef, finanzielle Schwierigkeiten des Unternehmens sind einige Gründe, die letztendlich dazu führen können, nicht mehr das regelmäßige Gehalt in gewohnter Höhe zu erhalten. Wer gerade größere Verbindlichkeiten aufgenommen hat oder keine Rücklagen gebildet hat, dem wird bewusst, dass nun harte finanzielle Zeiten bevorstehen. Gegen Krankheiten oder Berufsunfähigkeit kann man sich versichern. Wer arbeitslos geworden ist, bekommt Arbeitslosengeld I oder Hartz IV. Wesentlich sorgloser und ohne viel bürokratischen Aufwand könnte man sein Leben gestalten, wenn zusätzliche Einkommensquellen vorhanden wären. Diese ermöglichen eine gewisse Unabhängigkeit vom Lohn oder Gehalt der hauptsächlich ausgeübten Arbeitsstelle. Nach 8 bis 10 Stunden Arbeit im Beruf würde ich sicher nicht noch zusätzlich putzen gehen, werden Sie jetzt vermutlich entgegnen. Mit zusätzlichen Einkommensquellen ist nicht gemeint, einer weiteren aktiven Tätigkeit nachzugehen. Es gibt andere, bessere Wege.

Einige verlassen den Angestellten-Status und machen sich selbstständig. Sofern dieser Schritt erfolgreich verläuft, haben diejenigen einige Vorteile gegenüber Angestellten. Sie können auf diese Weise mehr Geld verdienen und die anstehende Arbeit an ihre Mitarbeiter verteilen. Aber solange die Selbstständigen sich darum kümmern müssen, neue Aufträge hereinzubekommen und dass deren Mitarbeiter auch wirklich arbeiten, befinden sie sich weiterhin im Hamsterrad. Die Selbstständigen müssen dafür sorgen, dass deren Angestellten das Hamsterrad fortwährend antreiben. Sobald sie dies nicht mehr tun, werden die Mitarbeiter nicht mehr so effektiv arbeiten, als Folge sinken die Umsätze ab, damit deren und letztendlich auch das Einkommen der Selbstständigen.

Was wäre, wenn Sie regelmäßig Geld bezahlt bekämen, selbst wenn Sie nicht arbeiten? Sie werden bezahlt, wenn Sie abends im Biergarten oder Golfclub mit netten Freunden verbringen, nachts, während sie schlafen oder am Wochenende, wenn Sie mit Ihrer Familie einen Ausflug unternehmen, sich mit Freunden treffen oder einfach nur auf der Couch im Wohnzimmer liegen oder während einer Urlaubsreise am Meer oder in den Bergen? Sie halten das für eine Utopie? Nein, ist es nicht! Das Stichwort ist: **passives Einkommen** oder auch **positiver „Cashflow"**. Beim passiven Einkommen fließt Geld zu Ihnen, anstatt dass Geld zu anderen gelangt (das nennt man negativen „Cashflow", wie beispielsweise Rechnungen oder Kreditraten). Und zwar geschieht dies jede Stunde rund um die Uhr, sieben Tage in der Woche. Im Gegensatz dazu, werden Sie lediglich für die Zeit bezahlt, die Sie aktiv arbeiten, also in der Regel acht Stunden pro Tag oder fünf Tage in der Woche.

Die Frage ist, wie kann ich denn dauerhaft passives Einkommen erzielen?

- Sie kaufen Wertpapiere und erhalten dafür Zinsen und Dividenden. Wenn Sie zum Beispiel 100 000 Euro zu einem Zinssatz von 4 Prozent anlegen, erhalten Sie monatlich 333 Euro
- Sie werden Hausbesitzer und vermieten die Wohnungen oder das Haus. Die monatliche Miete Ihrer Immobilie ist Ihr passives Einkommen

- Sie werden Buchautor oder Musiker. Für Ihre Bücher oder Musik erhalten Sie ein Leben lang Tantiemen
- Sie programmieren Software und bringen Sie auf den Markt
- Sie stellen eine viel frequentierte Webseite ins Netz und versehen diese mit Werbung
- Sie haben eine neuartige Marketingidee und empfehlen diese an andere weiter. Die Provision für zukünftige Gewinne Ihrer Partner ist Ihr passives Einkommen
- Sie gehen viele Jahrzehnte arbeiten und erhalten eine (bescheidene) staatliche Rente

Den letzten Punkt habe ich lediglich aus formalen Gründen angegeben, weil auch die staatliche Rente eine Form von passivem Einkommen darstellt. Über die Höhe der Rente und ab welchem Alter diese beginnt, erfahren Sie an anderer Stelle mehr. Vorweg gesagt, sollten Sie für Ihre Altersvorsorge die staatliche Rente lieber außen vor lassen. Verlassen Sie lieber so schnell wie möglich das Hamsterrad und suchen nach Möglichkeiten zusätzliche passive Einkommensströme zu erschließen. Damit wird auch für Sie der Traum vieler Leute wahr, nämlich Geld im Schlaf zu verdienen.

Aber bevor mir hier Unseriösität unterstellt wird, kommt jetzt nach der guten Nachricht ein „aber". Passive Einkommensströme sollten nicht damit verwechselt werden, für Nichtstun Geld zu verdienen. Im Gegenteil, gerade am Anfang müssen Sie besonders hart dafür arbeiten, damit Sie Quellen für passives Einkommen erschließen und ausbauen können. Falls Sie vorhaben, Buchautor, Musiker oder in irgendeiner Form Künstler zu werden, müssen Sie auch nach der regelmäßigen, aktiven Arbeit, am

Wochenende oder gar im Urlaub noch arbeiten. Selbst, wenn Sie Geld investieren oder Hausbesitzer werden möchten, müssen Sie sich Wissen aneignen und sich um die Angelegenheit kümmern. Das kostet gerade am Anfang Zeit, sehr viel Zeit.

Allerdings wird es anders sein als in einem Beschäftigungsverhältnis, bei dem Sie letztendlich für Ihre obersten Chefs und Investoren arbeiten. Denn diese Form von harter Arbeit, die passives Einkommen erzielen soll, dient ausschließlich Ihnen selbst! Sie alleine werden aufgrund dieser Tätigkeit irgendwann die satten Früchte ernten.

Betrachten wir uns das Beispiel Buchautor genauer. Zunächst ist viel Arbeit - oft über viele Tage und Nächte hindurch – nötig. Anschließend suchen Sie einen Verlag, der das Buch veröffentlichen möchte. Bis dahin verdienen Sie keinen Cent. Erst wenn Ihr Buch einmal im Buchladen liegt und Käufer findet, dann fließt regelmäßig ein Geldstrom zu Ihnen - auch noch Jahre später.

Im Fall von Investitionen am Finanzmarkt, benötigen Sie zunächst ein gewisses Startkapital. Dafür müssen Sie mitunter hart arbeiten und sparen, anschließend ist es enorm wichtig sich in Finanzangelegenheiten weiterzubilden. Erst dann können Sie am Kapitalmarkt Geld investieren und die ersten Früchte in Form von Zinsen und Dividenden ernten. Jede Form von passivem Einkommen ist vergleichbar mit einer Pflanze. Am Anfang muss man sich um die Pflanze ziemlich viel kümmern. Wenn sie aber erst einmal wächst, dann reicht zwischendurch ein wenig Wasser und ab und zu Dünger. Aber abgesehen davon wächst die Pflanze von alleine, ob Sie nun dabei sitzen und ihr zuschauen oder ob Sie nachts schlafen oder im Urlaub sind.

Wenn Sie es geschafft haben, einen ersten passiven Einkommensstrom zu erzeugen, dann haben Sie neben Ihrer hauptberuflichen Tätigkeit ein nettes Zusatzeinkommen. Bereits jetzt wäre Ihre Situation vergleichbar mit dem vorhin geschilderten Pipelinebauer, der schon einen Teil der Leitung fertig gestellt hat. Um auf dieselbe monatliche Geldmenge wie früher zu kommen, müssen Sie weniger arbeiten. Oder anders ausgedrückt: Sie arbeiten genau soviel wie früher, erhalten aber neben Ihrem gewohnten Gehalt einen zusätzlichen Strom von passivem Einkommen. Sie haben unter dem Strich monatlich also mehr Geld zur Verfügung.

In vielen Fällen kommt ein passiver Einkommensstrom noch nicht an das Gehalt der hauptberuflichen Tätigkeit heran. Von daher macht es Sinn, entweder den bestehenden passiven Einkommensstrom auszubauen oder weitere Quellen zu erschließen. So könnte beispielsweise ein Buchautor die erzielten Tantiemen an der Wertpapierbörse anlegen und dort Zinsen und Dividenden kassieren. Oder Sie kombinieren die Softwareentwicklung mit den Werbeeinnahmen Ihrer Webseite.

Wenn Ihr monatliches passives Einkommen höher ist als Ihre regelmäßigen Ausgaben, sind Sie finanziell frei und brauchen nie mehr nur des Geldes wegen arbeiten zu gehen. Selbst wenn Sie es nicht ganz schaffen sollten, von Ihrem passiven Einkommen die regelmäßigen Ausgaben zu decken. Sie haben dennoch neben dem Gehalt aus dem Arbeitsverhältnis einen zusätzlichen Strom von Geld - quasi eine monatlich steigende Gehaltserhöhung, unabhängig von Ihrem Beschäftigungsverhältnis – und verbessert später Ihre Einkommensströme im Rentenalter. Die staatliche Rente wird auch in Deutschland zukünftig sehr mager ausfallen. "Die Rente ist sicher" sagte einst Norbert Blüm. Das mag vielleicht sein, aber davon alleine wird bald niemand mehr vernünftig seinen Lebensabend bestreiten können.

Bereits vor dem Erreichen des üblichen Rentenalters lauern im Zeitalter der Globalisierung diverse Gefahren. Schon im Alter von 50 oder gar 45 Jahren muss man aufpassen nicht von jüngeren Leuten abgelöst zu werden und anschließend keinen adäquaten Arbeitsersatz mehr zu finden. Zudem können Krankheiten oder Unfälle einen jäh aus dem Arbeitsleben herausreißen. Wer dann auf sein aktives Einkommen - also Geld für geleistete Arbeit - angewiesen ist, sieht schweren Zeiten entgegen. Daher sollte es auch Ihr Ziel sein, dass Sie durch passives Einkommen finanzielle Freiheit erlangen. Dadurch sind Sie gesundheitlich wesentlich beruhigter und brauchen sich - zumindest über Geld - keine Sorgen mehr zu machen.

In den Abbildungen 4 bis 7 wird schematisch deutlich, welchen enormen Vorteil das passive Einkommen für das monatlich verfügbare Gesamteinkommen und damit für die Erfüllung der eigenen Wünsche hat. Sobald jemand Lohn oder Gehalt für eine geleistete Arbeit bekommt, steht dieses für die notwendigen Ausgaben und für die Konsumwünsche zur Verfügung. Auf den Unterschied dieser beiden Ausgabenströme wurde in Kapitel 5 und 6 näher eingegangen. Wir erinnern uns, notwendige Ausgaben sind diejenigen, die wir zum täglichen Leben benötigen. Dazu gehört beispielsweise die Wohnmiete und Stromrechnung sowie der Grundbedarf an Lebensmitteln. Konsumausgaben sind solche, die über den Grundbedarf zum Leben hinausgehen. Gerade hier lassen sich Ausgaben ausfindig machen, die nicht unbedingt notwendig sind. Wir erinnern uns weiter, mindestens 10 Prozent des aktiven Einkommens für uns ganz persönlich zur Seite zu legen. Wir bezahlen uns somit selbst und erschaffen im Laufe der Zeit ein so genanntes Liquiditätspolster (Abbildung 5). Sobald unser persönliches „Sicherheits-„ und „Wohlfühlpolster" von rund 6 bis 12 Netto-Monatseinkommen (siehe Kapitel 6) erreicht ist, können wir Vermögenswerte erwerben. Im Sinne von Investitionen sind Vermögenswerte nur solche, die passives Einkommen schaffen. Sobald der Strom von passivem Einkommen eingesetzt hat, steht es nun zusätzlich als monatliches Gesamteinkommen zur Verfügung. Ein Teil davon sollte nun zur weiteren Erhöhung des Zweiges „sich selbst bezahlen" verwendet werden. Der andere Teil kann dazu genutzt werden, die eigenen Wünsche und Konsumausgaben zu erhöhen. Im Laufe der Zeit hat sich das passive Einkommen derart erhöht, dass die Einkünfte aus einem aktiven Arbeits- oder Angestelltenverhältnis immer mehr an Bedeutung verlieren (Abbildung 7). Sobald Ihre regelmäßigen Ausgaben alleine aus dem passiven Einkommen bezahlt werden können, sind Sie finanziell frei.

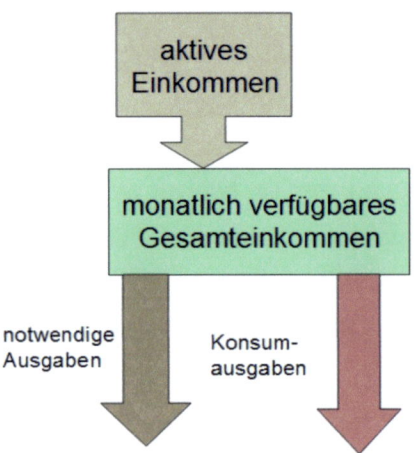

Abbildung 4: Das monatlich verfügbare Gesamteinkommen wird lediglich aus dem aktiven Einkommen eines Arbeitsverhältnisses gespeist. Damit werden die notwendigen Ausgaben bezahlt und die Konsumwünsche erfüllt.

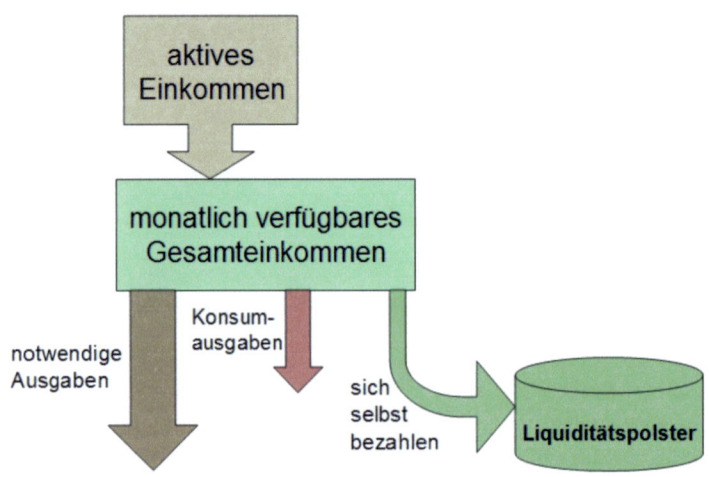

Abbildung 5: Die monatlichen Konsumwünsche werden reduziert, dafür bezahlt man sich selbst und baut somit ein Liquiditätspolster auf.

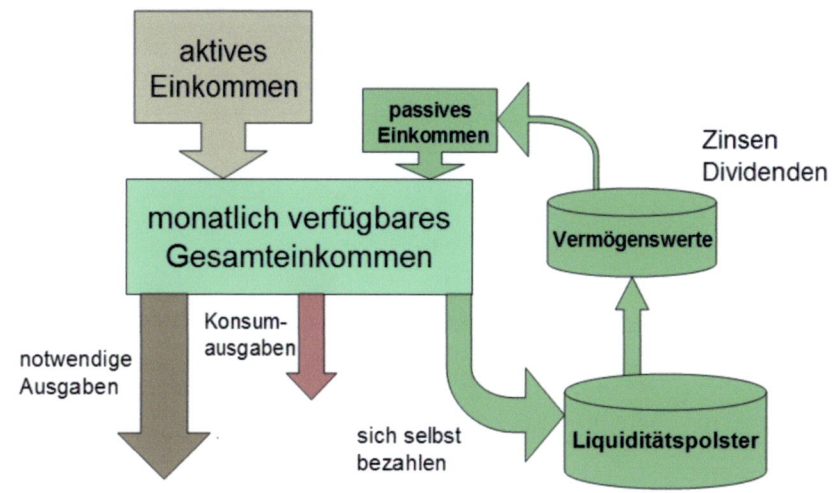

Abbildung 6: Sobald das Liquiditätspolster ausreichend groß ist, werden aus dem Strom „sich selbst bezahlen" Vermögenswerte erworben. Vermögenswerte erzeugen passives Einkommen, welches das monatlich verfügbare Gesamteinkommen erhöht.

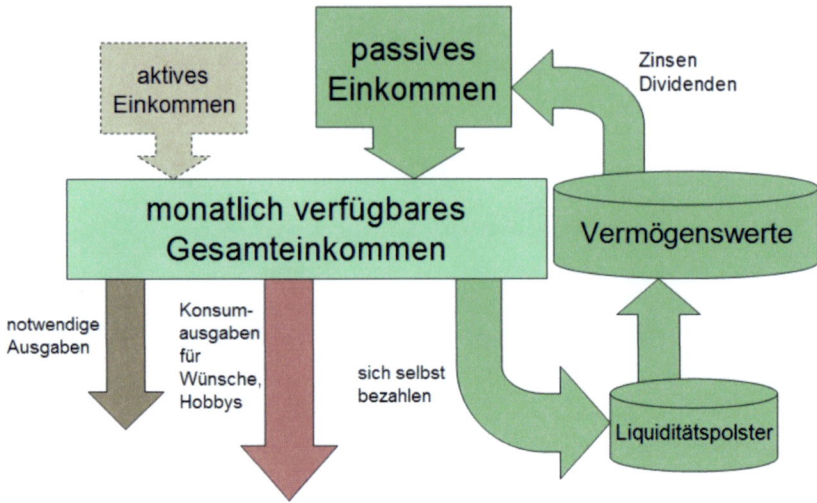

Abbildung 7: Im Laufe der Zeit erzeugen die Vermögenswerte derart hohes Einkommen, dass das monatlich verfügbare Gesamteinkommen erheblich angewachsen ist. Nun steht einerseits mehr Geld für den weiteren Erwerb von Vermögenswerten zur Verfügung, andererseits können nun die Konsumausgaben für persönliche Wünsche und Hobbys deutlich ansteigen. Im weiteren Verlauf wird der Einkommensstrom aus aktivem Einkommen immer weniger relevant.

Fundamentale Grundlagen zur konkreten Geldanlage und dafür regelmäßig Zinsen und Dividenden zu erhalten, aber auch Kursgewinne zu erzielen, besprechen wir nun im folgenden Kapitel.

Kapitel 8
Investieren, aber richtig

Das Geld, das man besitzt, ist das Instrument der Freiheit;
das Geld, dem man nachjagt, ist das Instrument der Knechtschaft.

Jean-Jacques Rousseau

Nun kommen wir zu einem sehr wichtigen Kapitel in diesem Buch. Sie kennen bereits die Notwendigkeit richtig große Ziele, vielleicht sogar Visionen zu haben und Verantwortung zu übernehmen. Sie wissen, wie Schulden endgültig und nachhaltig abgetragen werden können und wie sinnvoll es ist, passive Einkommensströme zu erschaffen. Im Kapitel 6 haben Sie die ersten drei großen Schritte auf dem Weg zur finanziellen Unabhängigkeit kennen gelernt.

1.) Weniger Geld ausgeben als einnehmen.

2.) Das monatliche Sparen (sich selbst bezahlen) auf „Automatik" stellen.

3.) Etwa 6 bis 12 Netto-Monatsgehälter für Notfälle liquide zur Verfügung haben.

Wenn Sie die ersten drei Schritte beherzigen, dann haben Sie bereits eine ganze Menge erreicht. Sie brauchen sich keine Sorgen mehr zu machen, dass finanziell irgendetwas Unvorhergesehenes passiert und schlafen daher merklich beruhigter als vorher. Sie sind in finanzieller Hinsicht bereits jetzt weiter als viele Millionen andere Menschen in Deutschland.

Herzlichen Glückwunsch zu diesem Erfolg!

Ein wichtiger Schritt fehlt aber noch. Wie man richtig spart, ist eine notwendige Bedingung um Kapital und damit die Grundlage für späteren Wohlstand zu bilden. Aber Sparen alleine reicht nicht aus. Das Fundament, auf dem wir die Möglichkeit haben, weiter voranzukommen, ist erstellt. Jetzt geht es darum die Ersparnisse zu vermehren, nun betreten wir die Ebene der Investoren.

Viele Leute, die durch harte Arbeit zu Geld gekommen sind, lassen das Geld irgendwo ruhen, anstatt es hart für sich arbeiten zu lassen. Es ist kaum zu glauben, wie viel Vermögen im Schrank, unter dem Bett, im Keller schlummert oder gar im Garten vergraben wurde. Unabhängig davon, dass Geldscheine im Laufe der Zeit verrotten können (im Keller reicht auch schon ein Wasserschaden), verliert das Geld aufgrund der Inflation immer mehr an Wert. Unser wirtschaftliches System ist auf Wachstum und Geldmengenausweitung ausgelegt. Daher strebt die Europäische Zentral-Bank (kurz: EZB) eine Inflationsrate von 2 Prozent jährlich an. Liegt die Inflationsrate unter diesem Wert, senkt sie für gewöhnlich die Leitzinsen, liegt sie über 2 Prozent, dann erhöht die EZB im Standardfall die Leitzinsen. Inflation bedeutet eine Verteuerung von Gütern und Dienstleistungen. Das heißt, man bekommt jährlich etwas weniger Ware für eine bestimmte Geldsumme. Wenn also jemand viele Jahre oder gar Jahrzehnte einen bestimmten Betrag ohne jegliche Verzinsung lediglich anhäuft, darf sich derjenige ansehen, wie schnell der Wert der Geldscheine und Münzen schwindet.

Faustformel:

72 : Inflationsrate = Anzahl der Jahre, in denen sich der Wert des Geldes halbiert

---

Sie sehen bereits bei einer Inflationsrate von 3 Prozent - ein über die letzten Jahre betrachtet durchaus nicht unüblicher Wert - verliert das Geld in 24 Jahren die Hälfte an Wert. Oder anders ausgedrückt, je höher die Inflationsrate, desto negativer sind die Folgen, eine bestimmte Geldmenge einfach nur ungenutzt zu horten. Wer allerdings Schulden haben sollte, der kann sich über eine hohe Inflationsrate freuen, denn die Verbindlichkeiten werden auf diesem Weg bequem „weginflationiert". Dies ist unter anderem ein Grund, warum viele Leute zukünftig eine höhere Inflationsrate als derzeit erwarten. Auf diese Weise könnten die überschuldeten Regierungen der Industriestaaten möglicherweise deren astronomisch hohen Kredite zumindest zusammenschrumpfen lassen.

Bevor wir uns nun anschauen, wie ein ganzheitliches Investieren mit nachhaltigem Vermögensaufbau aussieht, beschäftigen wir uns mit den gängigsten Instrumenten der Finanzwelt. Ich werde versuchen, mich auf das Wesentliche zu beschränken. Es ist zwar ein breites Wissen erforderlich, um bei eigenverantwortlichem Investieren möglichst Fehler zu vermeiden, aber bis ins kleinste Detail jedes Instrument zu kennen, ist für erfolgreiche Investitionen nicht zwingend notwendig.

8.1. Kapital-Lebensversicherungen

In Deutschland sind so genannte Kapital-Lebensversicherungen sehr beliebt. Über eine bestimmte Laufzeit wird regelmäßig, meist monatlich, eine gewisse Geldmenge eingezahlt, welches von den Versicherungen überwiegend in vermeintlich sichere Anleihen angelegt wird. Die scheinbar hohe Sicherheit ist auch der Grund der Beliebtheit von Kapital-Lebensversicherungen. Denn die Versicherung garantiert einen bestimmten Betrag zum Laufzeitende, das heißt wenn die Beitragszahlung beendet ist. Sollten sich die Kapitalentscheidungen der Versicherung als erfolgreich herausstellen, gibt es zusätzlich zum garantierten Zins noch eine →Bonussumme und →Überschussbeteiligung. Diese kann dann in Form einer einmaligen Kapitalabfindung oder als monatliche Rentenzahlung in Anspruch genommen werden. Sollte man zwischenzeitlich erwerbsunfähig werden, bekommt man einen Teil ebenfalls als regelmäßige „Rente" ausgezahlt. Das hört sich bis hierhin ganz gut an. Schaut man allerdings auf die Rendite derartiger Geldanlagen, dann sollte man doch sehr ins Grübeln kommen. Am Anfang fallen recht üppige Gebühren und Provisionen für den Vermittler an. Es benötigt einige Jahre, bis man diese wieder aufgeholt hat und die Gesamtinvestition für den Anleger ins Plus dreht. Die Renditen liegen derzeit etwa um 2 Prozent oder knapp darüber. Das Problem der Versicherungen bei der Kapitalanlage, ist das zuletzt dauerhaft niedrige Zinsniveau. In den letzten Jahren lag die Inflationsrate und auch der Leitzins der EZB meist bei 2 bis 3 Prozent, nur kurzzeitig auch darüber. Seit 2009, im Zuge der Finanzkrise, fluten die Notenbanken mit extrem niedrigen Zinsen die Märkte mit Kapital und versuchen damit die Wirtschaft vor einer gefährlichen →Deflation zu schützen. Auch die EZB hatte den Leitzins in der Eurozone lange Zeit bis zum Frühling 2011 bei 1,0 Prozent festgelegt. Nach einer vorübergehenden Erhöhung lag der Leitzins Ende 2011 erneut bei 1,0 Prozent. Dementsprechend mickrig sind auch die Zinszahlungen der Anleihen, in die Versicherungsgesell-schaften die Einzahlungen der Sparer anlegen. Sollte bald die Inflations-rate spürbar ansteigen, dann wird das dort zu Niedrigzinsen angelegte Kapital ebenfalls von der Inflation aufgezehrt. Daher mein Rat: Kapital-Lebensversicherungen sind nicht empfehlenswert. Ich habe meinen Feh-ler von früher wieder korrigiert und meine Versicherungspolicen gekün-digt. Wer allerdings bereits größere Summen in Kapital-Lebensversicherungen eingezahlt hat, dem bietet sich auch ein Verkauf an andere Anbieter an.

Allerdings möchte ich an dieser Stelle zur Vollständigkeit betonen, dass eine Lebensversicherung nicht grundsätzlich abzulehnen ist. Wer in ei-nem mehrköpfigen Haushalt alleiniger Verdiener ist, der sollte seine Fami-lie mit einer Risiko-Lebensversicherung absichern. Daneben gilt auch die Berufsunfähigkeitsversicherung zu den bekanntesten und wichtigsten Risikoversicherungen. Beide haben gemeinsam, dass nur dann eine Leis-tung seitens der Versicherungsgesellschaft fällig wird, wenn der Versiche-rungsfall während des Zeitraumes des abgeschlossenen Schutzes eintritt. Bei der Risiko-Lebensversicherung tritt der Versicherungsfall nur bei ei-nem Ableben des Versicherungsnehmers ein. Analog muss der Versiche-rungsnehmer nachweislich berufsunfähig sein, bis der Versicherungsfall eintritt. Tritt dieser Fall während der Versicherungsdauer nicht ein, werden keine Leistungen fällig. Der regelmäßige Beitrag wird lediglich für das

Versprechen des Lebensversicherers gezahlt, im Versicherungsfall eine Leistung zu erbringen. Daher sind die monatlichen Raten auch nicht allzu hoch. Für alleinstehende Personen ist eine Risiko-Lebensversicherung weder notwendig noch sinnvoll.

8.2 Aktien

Eine mögliche Inflation ist nicht der einzige Grund, um erspartes Geld zu Investieren, denn man möchte mit seinem Kapital möglichst einen hohen Ertrag erzielen. Wer später im Ruhestand ein komfortables Finanzpolster zur Verfügung haben möchte, kommt auch um Investments in Aktien nicht herum. In Deutschland herrscht allerdings eine regelrechte Abneigung gegenüber Aktien vor. In vielen anderen europäischen Ländern sowie in den USA und Kanada gelten selbst für Rentenversicherungen Aktienanlagen als selbstverständlich. Lediglich rund ein Fünftel aller von deutschen Aktiengesellschaften ausgegebenen Dividendenpapieren wird von bundesdeutschen Privatleuten gehalten. Dagegen ist in Kanada und USA über ein Drittel, in Frankreich, Großbritannien und Japan rund ein Viertel des gesamten Aktienbestandes im Besitz privater Haushalte. Hierzulande gelten Aktien als zu risikoreich oder gar gefährlich. Zu tief sitzt offenbar die Erfahrung der beiden großen Einbrüche des zurückliegenden Jahrzehnts. Da wäre einmal der Internet-Hype zum Jahrtausendwechsel. Damals konnte man den Kursen beinahe täglich beim Steigen zuschauen und abends die Gewinne zählen. Die Bild-Zeitung schrieb zu dieser Zeit, dass selbst Arbeitslose, Rentner und Hausfrauen an der Börse ohne Probleme Geld verdienen könnten. Bis im Laufe des Jahres 2000 die Blase platzte und der deutsche Aktienindex DAX von über 8000 Punkten im März 2000 auf rund 2200 Punkten im März 2003 zurückging. In der letzten Phase des „Bärenmarktes" verkauften auch viele, die noch lange an Aktien festhielten. Als die Leute in den Jahren 2005, 2006 und 2007 wieder Mut hatten in den Aktienmarkt zu investieren, brach die Immobilien- und Bankenkrise über die Welt herein. Der DAX, der 2007 erneut die 8000 Punkte Marke überschreiten konnte, stürzte bis März 2009 auf fast 3600 Punkte. Von Juli bis September 2011 gab es bei dem DAX einen Rückgang von rund 7500 Punkten auf 5000 Punkte, das heißt, er büßte über 30 Prozent von seinem Jahreshoch ein.

Nach diesen Geschehnissen winken daher viele ab, wenn es um Aktien geht. Beim Blick auf die wirklich langfristige Entwicklung, gemeint sind 20 oder 30 Jahre, schnitten Investitionen in Aktien gar nicht so schlecht ab. Durchschnittlich sechs bis neun Prozent Kursgewinn pro Jahr konnte man mit ihnen in der Vergangenheit erzielen. Schauen wir uns den Grund einmal genauer an. Wenn Sie ein Haus erwerben, dann sitzen Sie im Grunde auf einem Haufen Steine, mehr nicht. Erst die richtige Nutzung des Steinhaufens kann für Sie einen Gewinn bringen. Bei Staatsanleihen versprechen Ihnen die jeweiligen Staaten das geliehene Geld samt Zinsen wieder zurückzuzahlen. Bei Investitionen in Aktien kaufen Sie Bruchteile eines Unternehmens. In einem Unternehmen sind hunderte, teilweise tausende von fleißigen und teils hoch qualifizierten Mitarbeitern tätig. Mit deren Ideenreichtum und technischen Innovationen können neue Produkte oder Werte die weltweiten Märkte erobern. Das Wachstum und der Wohlstand auf dieser Welt entstehen durch derartige Unternehmen und nicht durch ein Haus aus Stein in einer Gegend mit schwacher Infrastruktur oder durch dürftig verzinste Staatsanleihen.

Viele sehen in erster Linie die Risiken an den weltweiten Aktienmärkten. Gerade wenn es einen regelrechten Crash gab - da sind Kursrückgänge von 10 bis 30 Prozent innerhalb kurzer Zeit möglich - sind die Medien auf allen Ebenen präsent. Zudem besteht bei Einzelaktien ein gewisses Risiko für einen Totalverlust, was einigen vielleicht noch aus den Zeiten des "Neuen Marktes" in Erinnerung geblieben ist. Aber ein derartiges Risiko braucht niemand einzugehen. Heutzutage gibt es Fonds, die gleich mehrere Dutzend Aktien in das Portfolio aufnehmen. Die Palette an Aktienfonds scheint unendlich vielseitig. Wir möchten hier jedoch solide und mit überschaubarem Risiko Ersparnisse vermehren. Daher bietet sich als Basisinvestment ein weltweiter Aktienfonds an, der sämtliche Freiheiten hat, sich in Krisenzeiten aus einigen Regionen mehr zurückzuziehen. In der Vergangenheit brachten derartige Fonds eine durchschnittliche jährliche Rendite von sechs bis neun Prozent (je nach Betrachtung der Zeiträume).

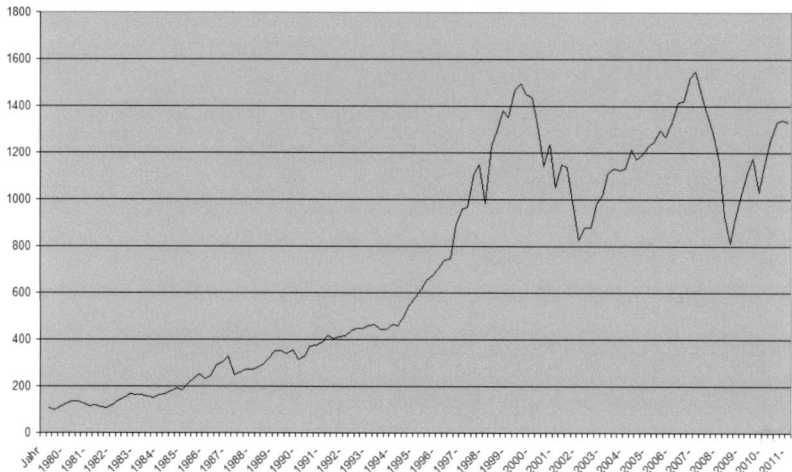

S&P 500

Abbildung 8: Der breite nordamerikanische Aktienindex S&P 500. Nach einer Übertreibungsphase Mitte der neunziger Jahre des vorherigen Jahrhunderts sind gut die beiden Einbrüche nach dem Platzen der Internetblase ab 2000 und während der Finanzkrise 2008 zu sehen. Im Herbst 2011 befand sich der Markt trotz eines erneuten Rücksetzers etwa auf neutralem Niveau.

Allerdings kann es auch Zeiträume von 5 bis 10 Jahren geben, in denen kein Gewinn auftrat oder gar Verluste zu verzeichnen waren. Wie man beim S&P 500 (Abbildung 8) sieht, konnten Anleger, die etwa im Jahr 2000 in diesen Index investierten bis heute keine Kursgewinne verbuchen. Es gibt in den entwickelten Industrieländern sogar ein prominentes Beispiel für langfristige Verluste. Der japanische Aktienindex Nikkei225 notierte im Jahr 1990 bei knapp 39 000 Punkten. Im Dezember 2011 lag der Index bei knapp unter 9 000 Punkten. Das bedeutet einen Verlust von fast 80 Prozent in 21 Jahren.

Tipp!

Das Beispiel des japanischen Nikkei225 könnte zukünftig auch anderen entwickelten Industrieländern drohen. Wer das Risiko breiter streuen möchte, sollte globale Indizes bevorzugen oder Aktien zur Dividendenstrategie nutzen (s. Kapitel 8.3).

Der vermeintliche Vorteil von Fonds ist, dass ein Fondsmanager den Aktienbestand aktiv managen kann. Das bedeutet, er versucht besser als der Vergleichsindex abzuschneiden. Die Nachteile sind die nicht unerheblichen Kosten, zum einen der Ausgabeaufschlag (kann fünf Prozent betragen), zum anderen die jährlichen Gebühren von meist ein bis zwei Prozent, die - für Anleger nicht offensichtlich spürbar - dem Fondsvolumen entnommen werden. Weiterhin gelingt es den meisten Fondsmanagern nicht den Vergleichsindex zu überbieten, obwohl es deren Aufgabe ist. Ein Fondsmanager hat seine Aufgabe nur dann gut erledigt, wenn er den zugrunde liegenden Vergleichsindex (auch: Benchmark) soweit überbietet, dass für den Anleger auch nach Abzug der entstandenen Kosten Gewinn übrig bleibt.

Wer den Fondsmanagern nicht traut, der kann auf →ETFs (Exchange Traded Funds) setzen. Sie gibt es bereits für geringe jährlichen Gebühren und bilden den jeweiligen Index nahezu 1:1 ab. Zur Vermeidung eines ungünstigen Einstiegszeitpunktes in den Aktienmarkt oder wenn keine größeren Anlagesummen zur Verfügung stehen, bieten viele Banken Sparpläne in Fonds, Zertifikate, teilweise auch in Direkt-Aktien an. Somit kann bequem monatlich oder vierteljährlich das gewünschte Investment bespart werden. Da immer dieselbe Sparsumme angelegt wird, erhält man bei höheren Kursen weniger, bei tieferen Kursen mehr Investmentanteile. Durch dieses antizyklische Investieren erzielt man einen →Cost-

Average-Effekt, der besonders in volatilen Märkten - wie dem Aktienmarkt - von Vorteil sein kann. Bei langfristigen Sparabsichten kann einem zum Beginn des Sparplans kaum "besseres" passieren als ein weltweiter Aktiencrash, da man gleich zum Beginn der Ansparphase günstig viele Anteile bekäme. Allerdings beobachte ich immer wieder ein Zweifeln am Fortbestand des Sparplans, wenn die Kurse auf einmal einbrechen. Wenn wir mit unserem Auto tanken möchten, dann werden oft mehrmals täglich die Preise für Kraftstoff überprüft und zu einem vermeintlich günstigen Augenblick wird voll getankt. Am Aktienmarkt funktioniert dies offenbar nicht. Wenn die Kurse nachgeben, dann sollte man sich bei einem Sparplan im Grunde über die günstigen Kurse freuen. Nach Crashphasen könnte man sogar überlegen die Sparquote zu erhöhen oder einen zusätzlichen Kauf von Investmentanteilen in Erwägung zu ziehen. Da aber gleichzeitig über die Medien negative wirtschaftliche Aussichten zu hören sind, stellen viele Menschen ihre Sparpläne ein und setzen diese erst fort, wenn die Aktienkurse wieder steigen, also immer teurer werden.

Tipp!

Handeln Sie grundsätzlich antizyklisch. Seien Sie nach Crashphasen an den Aktienmärkten kauffreudig, aber schrauben Sie Ihre Investitionsraten zurück, wenn der Aktienmarkt dauerhaft steigt. Nach einer langen →Hausse-Phase erhöhen Sie stattdessen Ihr Liquiditätspolster. Wenn Sie überall um sich herum hören, dass es immer weiter aufwärts gehen würde (das gilt übrigens auch für alle anderen Anlageklassen), dann verkaufen Sie einen Teil Ihrer Investments. Mit recht hoher Wahrscheinlichkeit bekommen Sie diese in einigen Monaten günstiger wieder zurück.

Bei der größten Masse der Börsenteilnehmer ist die Betrachtung der Kursschwankungen von Einzel-Aktien oder Fonds/ETFs mit Aktien im Blickfeld. Wöchentlich, oft auch täglich (Trader sogar stündlich oder minütlich) werden Börsenkurse geprüft und dementsprechend Kapital in den Markt gebracht oder aus dem Markt geholt. Dies ist auch das übliche Bild, was man vom Parketthandel oder aus der Werbung für Handelsplattformen kennt. Ein schnelllebiges Geschäft, bei dem große Gewinne, aber auch schnelle Verluste lauern. Diese große Masse an Markteilnehmern spekuliert. Sie spekuliert auf Kursausschläge der Geldanlage in die gewünschte Richtung. Meist nach oben, aber es lässt sich heutzutage selbst für Privatanleger ohne Probleme auf fallende Kurse spekulieren. Bekanntestes Beispiel ist der sogenannte „ShortDAX", ein →ETF, der im selben Verhältnis an Wert gewinnt, wie der DAX an einem Tag an Wert verliert. Auch für den EURO STOXX oder den nordamerikanischen S&P 500 gibt es Short-ETFs. Nach stark gestiegenen Aktienkursen wäre es eine Möglichkeit einen Short-ETF ins Depot aufzunehmen, wenn man seine Aktien oder Aktienfonds nicht verkaufen möchte. Ähnlich wie mit Put-Optionsscheine (siehe Kapitel 8.7) lässt sich auf diese Weise ein Wertpapier-Depot gegen Kursrückgänge quasi absichern.

8.3. Aktien als Dividendenanlage

Einer kleineren Gruppe von Börsenteilnehmern ist das zuvor beschriebene Auf und Ab am Aktienmarkt zu hektisch. Diese schauen sich zwar auch regelmäßig nach einigen Tagen oder Wochen die Entwicklung an der Börse an, aber sonst verbringen sie die Zeit mit anderen Dingen. Selbst ein Crash an den Aktienbörsen lässt diese Gruppe von Leuten vergleichsweise kalt. Im Gegenteil, sie freuen sich sogar über die niedrigen Kurse, um günstig nachinvestieren zu können. Diese Investoren interessieren sich in erster Linie für eine regelmäßige Dividendenausschüttung von Qualitätsaktien. Es sind meist Aktien von großen Unternehmen, die regional breit (manchmal auch global) aufgestellt sind und so schnell nichts erschüttern kann. Derartige Unternehmen erzielen einen soliden Gewinn, den sie dann zum Teil auch den Aktionären ausschütten. Aktien mit einer hohen Dividendenrendite bieten gleichzeitig auch Schutz vor starken Kursrückgängen. Denn je weiter der Kurs einer Aktie fällt, desto höher fällt prozentual die Dividendenrendite aus, da der zugrunde liegende Basiswert niedriger liegt.

Beispiel!

Ein Qualitätsmerkmal für Investoren ist unter anderem, wenn die Ausschüttung der Dividende Jahr für Jahr etwa gleich bleibt oder sogar noch steigt. Angenommen, ein Unternehmen hat beschlossen 5 Euro pro Aktie als Dividende auszubezahlen. Der Wert des Unternehmens beträgt zum Ausschüttungstermin 100 Euro, also beträgt die Dividendenrendite in diesem Fall 5,0 Prozent. In einem anderen Fall fällt der Kurs dieser Aktie kurz vor dem Ausschüttungstermin auf 80 Euro. Da die Höhe der Dividende Jahr für Jahr in etwa gleich bleiben soll, ergibt sich in diesem Szenario aufgrund des niedrigeren Basiswertes eine Dividendenrendite von 6,25 Prozent.

Bei einer allgemeinen Hausse weisen die Aktien von den sogenannten Blue Chips (große, teilweise global agierende Unternehmen) zwar keine so steile Aufwärtsbewegung auf wie Wachstumsunternehmen, aber zu dem Kursanstieg und damit Wertgewinn kommt ja noch die Dividenden-ausschüttung dazu.

Hinweis!

Die Dividende einer Aktie bekommt man allerdings nicht geschenkt. Auf der Hauptversammlung eines Aktienunternehmens wird die Höhe der Dividendenausschüttung beschlossen. Im Standardfall wird die Dividende am darauf folgenden Tag ausgezahlt und in selber Höhe vom aktuellen Kurs der Aktie abgezogen. Bei soliden und ertragsstarken Unternehmen kann oft beobachtet werden, dass der Abschlag in Höhe der Dividenden-ausschüttung in nur wenigen Tagen nach der Hauptversammlung wieder egalisiert ist. Auch im Vorfeld der Hauptversammlung des Aktienunter-nehmens steigen die Kurse häufig bereits stärker als im Gesamtmarkt an, da die Nachfrage in Erwartung der Dividendenausschüttung höher als durchschnittlich ist.

Im Standardfall erfolgt die Ausschüttung einmal pro Jahr. Allerdings bieten heutzutage einige ETFs mit Dividendenaktien auch eine quartalsweise Ausschüttung an. Personen, die hauptsächlich an einer regelmäßigen Gewinnbeteiligung in Form einer Dividende von Unternehmen interessiert sind, investieren. Wir werden uns später in Kapitel 9 dem Thema „Cash-flow" (oder Geldfluss) gesondert widmen. Eine Investition sorgt im Ge-gensatz zur Spekulation für einen regelmäßigen „Cashflow" in die Geld-börse des Investors.

Aber ganz so leicht ist die Auswahl von Dividendenaktien dann leider doch nicht. Sonst könnte man hergehen und sich weltweit die Aktien mit der höchsten Dividendenrendite auflisten und die Top 10 oder 20 ohne weitere Überlegung ins Depot aufnehmen. Die Dividendenausschüttung sollte aus dem erwirtschafteten Gewinn des Unternehmens stammen und optimal jährlich erhöht werden. Vorsichtig sollte man mit Unternehmen sein, die eine höhere Dividende ausschütten als der erwirtschaftete Gewinn ist. Ein derartiger Zustand darf höchstens vorübergehender Natur sein. Genauer hinschauen sollte man auch, wenn die Dividendenrendite vor allem deshalb so üppig erscheint, weil der Kurs der zugrunde liegenden Aktie zuletzt stark gefallen ist. In einigen Fällen könnten substanzielle Gründe vorliegen, warum die Aktie eines Unternehmens stark verkauft wurde.

8.4. Anleihen

Anleihen gehören für ein Unternehmen oder für einen Staat zu den klassischen Mitteln der Beschaffung von Fremdkapital. Sie verbriefen einen Rückzahlungsanspruch und Zinszahlungen in festgelegter Höhe als Entgelt für die Überlassung des Kapitals. Während ein Aktionär Miteigentümer eines Unternehmens wird, sind die Inhaber von Anleihen Gläubiger. Grundsätzlich gilt, dass Zins- und Tilgungszahlungen für ausgegebene Anleihen Vorrang vor Verpflichtungen von Dividendenzahlungen haben. Gerade bei Unternehmen hat man die Möglichkeit sowohl Aktionär als auch Gläubiger zu sein.

Der Anleger kauft nicht eine Stückzahl einer Anleihe, sondern einen bestimmten →Nominalbetrag. Der →Nennwert stellt dabei den Preis dar, zu dem die Anleihe zurückgezahlt wird. Der →Kupon stellt den Zins dar, den der Gläubiger von der jeweiligen Anleihe ausgezahlt bekommt. Gehandelt werden Anleihen am sogenannten →Rentenmarkt. Fonds, die Anleihen enthalten, werden daher oft auch Rentenfonds genannt. Mit der Rente, die Arbeitnehmer nach ihrem aktiven Berufsleben erhalten, haben Rentenfonds aber nichts zu tun. Sämtliche Anleihetypen können in verschiedenen Währungen emittiert werden. Da die Wechselkurse stärkeren Schwankungen unterliegen können, ist das Währungsrisiko bei diesen Anlagen zu berücksichtigen. Euro-Staatsanleihen werden beispielsweise von Ländern innerhalb der Euro-Zone ausgegeben. Jumbo-Pfandbriefe sind Inhaberschuldverschreibungen von Finanzinstituten wie Banken. Unternehmensanleihen (Corporate Bonds) werden von internationalen Firmen oder deren Töchter emittiert.

Es besteht ein Ausfallrisiko, wenn der Schuldner in Zahlungsverzug kommt oder sogar zahlungsunfähig wird. Je schlechter die Bonität, desto höher ist das Ausfallrisiko der Anleihe. Schuldner mit schlechter Bonität müssen daher einen höheren →Kupon, beziehungsweise eine höhere Verzinsung bieten, um trotz des Ausfallrisikos für Anleger attraktiv zu bleiben. Dass selbst Staatsanleihen nicht ohne Risiko sind, zeigte die jüngste Vergangenheit häufiger. Als Beispiele seien Island (2008) und Griechenland (2011) genannt.

Vor einigen Jahren, als längere Aktienhaussen stattfanden, wurden Anleihen als langweilig eingestuft. Meiner Meinung nach gehören Anleihen zur Diversifizierung eines Depots in jedes Portfolio. Zudem lässt sich mit Anleihen ein regelmäßig wiederkehrendes passives Einkommen erzielen.

Tipp!

Wer nicht zu risikoavers ist, kann auch Investments außerhalb von Europa und den USA probieren. Anleihen von Schwellenländern bieten oft eine höhere Verzinsung als die der bekannten Industriestaaten. Um das mögliche Ausfallrisiko zu minimieren bieten sich immer mehr auch ETFs an.

8.5. Rohstoffe

Rohstoffe werden aufgrund ihres Gebrauchswertes aus der Natur gewonnen und entweder direkt konsumiert oder als Arbeitsmittel und Ausgangsmaterialien für eine weitere Verarbeitung in der Produktion verwendet. Fossile Rohstoffe oder Energierohstoffe vereinen Kohle, Erdöl und Erdgas. Eisen, Aluminium und Stahl sind den Metallrohstoffe zugeordnet, dagegen zählen Gold, Silber und Platin zu den Edelmetallen. Daneben gehören Kupfer, Zinn, Uran (zur Erzeugung von Kernenergie) und Salz zu den bekanntesten Rohstoffen.

Zu den sogenannten Agrarrohstoffen (Soft Commodities) gehören unter anderem Weizen, Mais, Soja, Kaffee, Kakao, Zucker, Schweinebäuche und Baumwolle.

Im Welthandel stellen Rohstoffe mehr als ein Drittel aller handelbaren Güter dar. Dabei findet der globale Handel über Warenterminbörsen statt. Rohstoffe gelten als alternative Anlage gegenüber Aktien und Anleihen. Besonders in Krisenzeiten soll diese Anlageklasse Sicherheit im Depot geben. Gold gilt beispielsweise als „sicherer Hafen". Denn das Edelmetall ist eine knappe Ressource und nicht beliebig vermehrbar. Allerdings ist darauf auch nicht hundertprozentig Verlass, denn beim Crash 2008 verlor selbst Gold vorübergehend deutlich an Wert. Auch im August und September 2011, als es einen starken Rückgang am Aktienmarkt gab, fiel der Goldpreis in kurzer Zeit von rund 1 900 US-Dollar auf fast 1 500 US-Dollar.

Ein anderes Beispiel ist der Ölpreis. Oft wird behauptet, dass die Aktienmärkte fallen, wenn der Ölpreis steigt. In der Realität steigt der Ölpreis häufig zeitgleich mit den Aktienmärkten, da eine gute wirtschaftliche Entwicklung eine höhere Nachfrage nach Öl suggeriert.

Bei der Anlage in Rohstoffe sollte man nicht unbedingt auf Rohstoffaktien zurückgreifen. Diese sind den Schwankungen der Aktienbörse ausgesetzt und daher zu jenen auch nicht unabhängig. Ich würde bei Rohstoffen, sofern möglich, auf →ETFs zurückgreifen. Bei Zertifikaten und →ETCs (Exchange Traded Commodities, nicht zu verwechseln mit ETFs) besteht zusätzlich ein →Emittentenrisiko. Eine Besonderheit bei Agrarrohstoffen ist die relativ starke Abhängigkeit vom Wetter. Früh- oder Spätfröste, Überschwemmungen oder Dürreperioden in ausgedehnten Anbaugebieten können den Preis auch kurzfristig stark schwanken lassen.

Hinweis!

Da Rohstoffe keine Zinsausschüttungen bieten, sind Anlagen in dieser Assetklasse eher als Spekulation oder als Absicherung zu betrachten. Der Anteil an Rohstoffen im Gesamtportfolio sollte unter 10 Prozent betragen. Wer davon ausgeht, dass zukünftig die derzeitigen Weltwährungen wie US-Dollar und Euro gefährdet sind, kann sich einige Gold- oder Silbermünzen zulegen.

8.6. Zertifikate

Bei einem Investment in Aktien erwartet man sowohl eine Kurssteigerung als auch eine solide Dividendenausschüttung. Es gibt allerdings Markphasen, in denen die meisten Aktien oder Aktienindizes seitwärts laufen oder gar eine leichte Abwärtstendenz aufweisen. Selbst in diesen Situationen gibt es Möglichkeiten, selbst bei niedriger oder keiner Dividendenausschüttung, eine ordentliche Rendite zu erzielen. Dafür haben die Banken so genannte Zertifikate konstruiert.

Bei einem Discount-Zertifikat handelt es sich um eine in einem Zertifikat verbriefte Terminkonstruktion, bei der eine Kauf-Option verkauft wird, die durch einen Basiswert gedeckt ist. Oft handelt es sich bei dem Basiswert um eine Aktie und wird Aktien-Discount-Zertifikat bezeichnet, ist der Basiswert ein Index (z.B. DAX, Dow Jones), so spricht man von einem Index-Discount-Zertifikat.

Discount-Zertifikate erfreuen sich bei Anlegern einer großen Beliebtheit und sind die ideale Anlageform für Seitwärtsbewegungen an der Börse. Selbst wenn eine Aktie oder ein Index kaum im Wert steigt oder sogar fällt, sind mit den entsprechenden Discount-Zertifikaten Renditen bis in den zweistelligen Bereich möglich. Bei einer Abwärtsbewegung sorgt ein Risikopuffer bei Discount-Zertifikaten für einen vergleichsweise sanften Fall. Über einen längeren Zeitraum haben Discount-Zertifikate in der Vergangenheit eine höhere Rendite erzielt als der jeweilige Basiswert.

Bei einem Index-Zertifikat wird ein kompletter Index (z.B. DAX oder S&P 500) 1:1 nachgebildet. Allerdings behalten die Emittenten oft die ausgeschütteten Dividenden.

> **Tipp!**
>
> *Ich würde hier in dem Fall statt zu einem Index-Zertifikat lieber zu einem vergleichbaren →ETF tendieren. Denn bei einem ETF bekommt man im Standardfall die komplette Dividendenausschüttung ausgezahlt und trägt kein →Emittentenrisiko.*

Bei einem Bonus-Zertifikat wird die Dividendenausschüttung für eine Absicherung des Investments gegen Kursrückgänge genutzt. Sie nehmen als Anleger, oberhalb des Bonuslevels, unbegrenzt an der Kursentwicklung des zugrunde liegenden Basiswerts teil und bilden den Kursverlauf des Basiswerts während der Laufzeit weitgehend nach. Notiert der Basiswert zur Fälligkeit unterhalb des Bonuslevels, aber oberhalb der Barriere, so erhält der Anleger den Bonus ausgezahlt. Fällt der Basiswert während der Laufzeit unter die Barriere, so verliert der Anleger seinen Bonus. Das Bonuszertifikat modifiziert in diesem Fall zu einem nicht dividendenberechtigten Index-Zertifikat.

Die oben beschriebenen Zertifikate sind die bekanntesten und beliebtesten. Es gibt noch eine ganze Reihe anderer Konstruktionen von Zertifikaten. Ohne hier jetzt weiter zu sehr ins Detail zu gehen, zwei grundsätzliche Anmerkungen zu Zertifikaten. Kaufen Sie wirklich nur das, was Sie auch richtig verstehen. Zertifikate können beliebig kompliziert vom Emittenten konstruiert werden. Um Risiken abzuschätzen und im schlimmsten Fall auch rechtzeitig handeln zu können, müssen Sie wissen, wo es Schwellenwerte oder eine Deckelung (auch Cap genannt) gibt. Zum anderen sind Zertifikate anders als bei Aktenfonds kein Sondervermögen.

Hinweis!

Zertifikate sind als Instrument der Geldanlage Inhaberschuldverschreibungen und eine besondere Form der Anleihe, daher beinhalten sie das Risiko der Bonität des Emittenten. Dies bedeutet, sollte die Bank des herausgegebenen Zertifikats Insolvenz anmelden müssen, ist das Papier völlig wertlos.

8.7. Optionsscheine (Call und Put)

Der Käufer von Optionsscheinen erwirbt das Recht, allerdings nicht die Pflicht:

- bei amerikanischen Optionen während eines festgelegten Zeitraums (Kontraktlaufzeit, Lebenszeit)
- bei europäischen Optionen am Ende der Laufzeit zum Ausübungsdatum

eine bestimmte Menge eines Gutes (Basiswert oder auch Underlying oder underlying asset) zu einem im Voraus festgelegten Preis (Ausübungspreis)

- zu kaufen (Call-Option)
- zu verkaufen (Put-Option).

Der Verkäufer erhält den Kaufpreis der Option. Er ist im Falle der Ausübung verpflichtet, den Basiswert zum vorher bestimmten Preis zu verkaufen (Call) bzw. zu kaufen (Put).

Calls und Puts werden von Bankhäusern emittiert und auch als Privatanleger hat man die Möglichkeiten damit beispielsweise mit →Hebel zu handeln oder ähnlich wie mit einem Short-ETF (siehe Kapitel 8.2) ein

103

bestehendes Depot abzusichern. Vor allem in langen Trendphasen lassen sich an der Fortsetzung des jeweiligen Trends mit den entsprechenden Optionsscheinen schöne Gewinne erzielen. Aufgrund des eingesetzten Hebels reichen auch schon kleinere Kursveränderungen in die gewünschte Richtung, um einen spürbaren Gewinn zu erzielen.

Hinweis!

Achtung, sollte sich der Kurs nicht in die gewünschte, sondern in die entgegengesetzte Richtung bewegen, dann droht je nach eingesetztem Hebel schnell ein Totalverlust dieser Spekulation. Daher sollten nur kleine Beträge für solche „Zockereien" nebenbei einsetzt werden. Beinahe jeder, den das Börsenfieber gepackt hat, wird sich an solchen Finanzinstrumenten zumindest versuchen. Allerdings bedenken Sie, selbst bei kleineren eingesetzten Beträgen von nur 1000 Euro lässt sich innerhalb weniger Tage ein Gewinn, aber auch Verlust von mehreren hundert Euro erzielen. Darauf sollten Sie sich einstellen, falls Sie einmal in die Versuchung kommen sollten.

8.8. Marktneutrale Anlagestrategien

Mit den heutzutage selbst für Privatanleger zugänglichen Finanzvehikeln lässt sich eine sogenannte „marktneutrale Anlagestrategie" verfolgen. Es gibt sehr ausgetüftelte Möglichkeiten eine derartige Strategie einzusetzen. Um das Prinzip zu verdeutlichen, beschränke ich mich hier auf einen typischen Fall. Wenn Sie beispielsweise davon ausgehen, dass sich der chinesische Aktien-Index Hang Seng in Hongkong besser entwickeln wird als der US-amerikanische Dow Jones, dann gehen Sie in den Hang Seng „long" (Spekulation auf steigende Kurse) und in den Dow Jones „short" (Spekulation auf fallende Kurse). Sofern die angenommene Marktmeinung, in Bezug auf die zwei ausgewählten Indizes, richtig ist, dann würde im Fall von weltweit steigenden Kursen der Hang Seng deutlicher ansteigen als der Dow Jones. Bei einem Abwärtstrend sollte dann der amerikanische Aktien-Index stärker fallen als der chinesische. Dies bedeutet, Sie erzielen einen Gewinn, gleich in welche Richtung sich der Markt entwickelt. „Marktneutral" bedeutet in diesem Fall, es ist unerheblich ob sich die Aktienmärkte im Auf- oder Abwärtstrend befinden. Lediglich aufgrund der Differenz beider Indizes erzielen Sie Ihre Gewinne. Jedoch sollte man vorsichtig sein. Die Vergangenheit hat gezeigt, dass trotz insgesamt korrekter langfristiger Einschätzung der unterschiedlichen Entwicklung zweier Indizes, es dennoch Phasen gab, in denen der vermeintlich schwächere Index eine Weile besser laufen konnte als der stärkere. So liefen zum Beispiel im Jahr 2011 die amerikanischen Aktien-Indizes deutlich besser als der chinesische Aktien-Index. Daher sollte diese Strategie fortwährend beobachtet werden.

8.9. Immobilien als Geldanlage

In Deutschland ist der Hang zur Sicherheit besonders ausgeprägt. Daher ist von vielen der größte Wunsch, in den eigenen vier Wänden zu leben. Dafür wird ein enorm großer Kredit von der Bank aufgenommen. Nicht wenige habe ich schon sagen gehört: „Wir investieren in unser Haus". Bevor die eigenen vier Wände nicht komplett abbezahlt sind, stellt sich die Frage, für wen die Hausfinanzierung eine Investition ist? Wir erinnern uns: Bei einer Investition erzielt der Investor einen „Cashflow" in sein eigenes

Portemonnaie. Die jungen Hausbesitzer müssen aber erst noch die teilweise enorm hohe Verbindlichkeit zurückzahlen. Das bedeutet, vor allem für die Bank ist das Geschäft eine Investition. Diese bekommt, neben der Rückzahlung des Darlehens, zusätzlich noch regelmäßige Zinszahlungen. Daher sind die Banken in der Regel bei der Hausfinanzierung auch recht großzügig mit Krediten, denn sie wissen, es ist eine langfristige Investition in die Arbeitskraft der frischen Besitzer eines Eigenheimes.

Aber dafür spare man ja monatlich die Miete, erwidern viele Leute. Das ist lediglich die halbe Wahrheit. Selbst, wenn die Verbindlichkeit über die Jahre oder gar Jahrzehnte abgezahlt wurde, bleiben dennoch regelmäßige und unregelmäßige Kosten. Steuern, Versicherungsbeiträge, Wasserrechnung, die Müllabfuhr, alles möchte monatlich bezahlt werden. Da kommen schnell 250, 300 oder gar 400 Euro zusammen - monatlich versteht sich. Hinzu kommen die unregelmäßig aufkommenden Reparatur- und Instandsetzungsarbeiten. Hier ist mal die Heizung defekt, dort mal eine Undichtigkeit im Dach, auch die Fenster müssten nach einigen Jahren erneuert werden. Wer nicht gerade Verwandte oder Freunde hat, die einem die Arbeit erledigen können, oder alternativ zumindest wissen, wie man sie günstig verrichten kann oder man selbst handwerklich nicht besonders versiert und interessiert ist, gehen die Reparaturarbeiten sehr deutlich ins Geld. Dieser Punkt wird oft unterschätzt. Wer keine große Lust an handwerklichen Arbeiten hat, dessen Haus verwahrlost im Laufe der Zeit (verliert somit natürlich auch an Wert) oder bezahlt einen Batzen Geld für immer wiederkehrende Reparaturarbeiten.

> **Hinweis!**
>
> *Gerd Kommer* hat 2010 einen Fall gegenübergestellt, bei dem sowohl der Mieter als auch der Hausbesitzer dasselbe Startkapital einsetzen können. Der Mieter investiert das Kapital in einen Aktien/Anleihen-Mix, der Hausbesitzer zu 100 Prozent eigenkapitalfinanziert in seine Immobilie. Trotz der Mietzahlungen stünde der Mieter nach 30 Jahren finanziell besser da als der Besitzer einer selbst genutzten Immobilie. Voraussetzung ist allerdings, dass der Mieter das zur Verfügung stehende Kapital (welches nicht zum Hauskauf verwendet wird) auch vernünftig anlegt.*

Um nicht falsch verstanden zu werden, wer Familie mit Kindern hat und Lust verspürt einen Teil seiner Freizeit handwerklich zu verbringen, für den bietet sich ein eigenes Heim an. Aber man sollte sich dessen bewusst sein, dass ein eigenes Heim Luxus bedeutet.

Solange man das eigene Heim bewohnt, spart man zwar die monatliche Miete, allerdings fließt kein direktes Geld in das eigene Portemonnaie.

Kredittilgung, laufende Kosten und unregelmäßig wiederkehrende Reparaturkosten stehen - rein aus finanziell-materieller Sicht - der ersparten Miete gegenüber. Jeder möge für sich selbst ausrechnen, ob die Rechnung unter dem Strich eine Investition oder Verbindlichkeit ist.

Kommer, Gerd: *Kaufen oder Mieten? Wie Sie für sich die richtige Entscheidung treffen*, Frankfurt a.M. 2010

Etwas anders sieht es aus, wenn man ein Haus erwirbt und es vermietet. Dann erhält man eine monatliche Mietzahlung. Allerdings sind die erzielten Renditen zu niedrig, um dieses Vorhaben mit einem Kredit zu finanzieren. Bis zur vollständigen Bezahlung der Immobilie erwirtschaftet man im Standardfall keinen Gewinn, sondern zahlt eher noch drauf. Zudem sollte man vorsichtig sein, wenn das zur Verfügung stehende Kapital nicht allzu hoch ist. Seine gesamten Investments lediglich auf die eine Anlageklasse Immobilien zu setzen, birgt ein →„Klumpenrisiko" und verstößt somit gegen eine der ältesten Investment-Regel, nämlich der →Diversifizierung. Ein zusätzliches Risiko bei der Vermietung von Immobilien sind Mietnomaden. Diese verschleiern beim Einzug in eine Wohnung ihre eigentliche Zahlungsunfähigkeit und verschwinden nach einiger Zeit quasi über Nacht. Oft wird die Wohnung in einem desolaten Zustand zurückgelassen, so dass dem Vermieter, neben den nicht gezahlten Mieten, zusätzlich Verluste durch die Beseitigung von Wohnungsschäden entstehen können.

Einige von Ihnen werden noch die erwartete Wertsteigerung einer Immobilie als Argument für das Eigenheim vorbringen. Gerd Kommer fand 2010 heraus, dass in der Vergangenheit die Preise von Wohnimmobilien langfristig →inflationsbereinigt lediglich um etwa 0,4 Prozent jährlich anstiegen.

In der Berechnung enthalten sind auch die Jahrzehnte des zurückliegenden Jahrhunderts, als die Baubranche stark boomte. Um eine Abschätzung der zukünftigen Preisentwicklung machen zu können, sollten wir grundsätzliche Überlegungen anstellen, was der eigentliche Grund der Wertsteigerung einer Immobilie ist. Oder anders gefragt, wer oder was treibt den Preis einer Immobilie? Es ist nahezu ausschließlich die Nachfrage. Und diese setzt sich zusammen aus der Anzahl der Nachfragenden und der Begehrtheit des Standortes und den Wert des Immobilienobjektes an sich. Um diese Frage zu beantworten, müssen wir einen Blick auf die demographische Struktur Deutschlands werfen. Seit 2003 schrumpft die Bevölkerung der Bundesrepublik Deutschland, das heißt, es sterben jährlich mehr Menschen als durch Neugeburt und Zuwanderung hinzukommen. Grundsätzlich bedeutet eine Bevölkerungsabnahme eine deutschlandweit nachlassende Nachfrage nach Immobilienobjekten. Zwar leben immer mehr Leute als Single alleine, aber alleinstehende Personen leben nur selten in einer eigenen Immobilie. Sie leben hauptsächlich in Mietwohnungen, gerade jüngere Leute auch in Wohngemeinschaften. Wenn man sich die Preisentwicklung der Wohn- und Bürogebäude anschaut, dann fällt der Preisanstieg vor allem in Zentren von Großstädten auf, sonst sinken die Preise derzeit eher. Dies trifft besonders auf ländliche Regionen mit nur eingeschränkt ausgebauter Infrastruktur zu.

Tipp!

*Zusammengefasst macht der Erwerb einer eigenen Immobilie aus **finanzieller Sicht** nur mit Einschränkungen Sinn, wenn man sie einerseits ohne Kreditfinanzierung kaufen und sie andererseits bei einer ausreichend großen Kapitaldecke vermieten kann. Denn somit ließe sich ein positiver „Cashflow" erzeugen. Gegen den Erwerb einer eigengenutzten Immobilie lässt sich nichts sagen, aber man sollte sich dessen bewusst sein, dass dies in erster Linie Luxus und keine Altersvorsorge bedeutet. Einen positiven „Cashflow" erzeugt die eigen genutzte Immobilie nicht. Selbst wenn sie vollständig abgezahlt wurde, hat man streng betrachtet lediglich einen verringerten negativen „Cashflow" aufgrund der gesparten Miete. Die monatlichen Nebenkosten bleiben ebenso wie die unregelmäßigen Reparatur- und Verschönerungsarbeiten.*

Offene Immobilienfonds und REITs

Wenn man beabsichtigt sein Kapital in Immobilien zu investieren, ohne gleich ein oder mehrere Häuser zu kaufen, dann gibt es selbst für Kleinanleger zwei leicht zugängliche Alternativen. Offene Immobilienfonds investieren in der Regel in Gewerbeimmobilien in europäischen oder weltweiten Metropolen. Dabei beschränken sie sich entweder auf einen ganzen Kontinent oder haben sogar die Freiheit global zu investieren. Als Anleger kann man sich über die Fondsgesellschaft oder über die Börse - ähnlich wie bei einem Aktienfonds - Investmentanteile täglich verfügbar ins Depot legen.

Allerdings hat die Konstruktion der offenen Immobilienfonds einen Nachteil, der seit 2008 die gesamte Branche in Schwierigkeiten führte. Wegen der täglichen Verfügbarkeit, nutzen selbst Großanleger diese Investmentmöglichkeit quasi als Tagesgeldersatz. Denn die Renditen lagen um 4 Prozent pro Jahr. Jeder, der sich bereits einmal mit dem Kauf oder Verkauf von Häusern auseinandergesetzt hat, weiß wie lange es dauert, bis ein Kauf endgültig abgeschlossen ist. Nicht selten vergehen Wochen oder gar Monate. Als 2008 die Immobilienkrise in den USA und Teilen Europas die Branche der offenen Immobilienfonds erreichte, zogen viele Investoren ihr Kapital aus diesen Fonds ab. Dadurch wären einige Immobilienfonds gezwungen Gebäude möglichst rasch zu veräußern. Um unrentable Zwangsverkäufe nach Möglichkeit zu vermeiden, wurden als Folge einige der eigentlich offenen Fonds geschlossen. Das bedeutete, die Anleger konnten über die Fondsgesellschaft keine Anteile mehr verkaufen oder mussten sie über die Börse veräußern. Dort wurden die Anteile der geschlossenen Immobilienfonds aber mit Abschlägen zwischen 10 und 20 Prozent gehandelt. Gut, für diejenigen, die an eine zukünftige Öffnung der vorübergehend geschlossenen Immobilienfonds glaubten und auf Schnäppchenjagd gingen, schlecht für diejenigen, die Anteile veräußern wollten. Ein Konstruktionsfehler bei den offenen Immobilienfonds, der sich nun negativ auf die gesamte Anlageklasse auswirkte. Die vorübergehende Schließung darf maximal 2 Jahre dauern, dann muss der Fonds wieder öffnen oder er wird aufgelöst. Bis 2011 mussten sogar einige prominente offene Immobilienfonds endgültig geschlossen und abgewickelt werden, weil sie keine ausreichende Liquidität bis zur geplanten Wiedereröffnung beschaffen konnten. Mittlerweile wurde an der Konstruktion der offenen Immobilienfonds nachgebessert und ab 2013 gelten einige Neuerungen. Unter anderem liegt die Höchstgrenze für Rücknahmen von Investmentanteilen pro Halbjahr bei 30 000 Euro. Damit soll verhindert werden, dass zu viel Kapital gleichzeitig aus offenen Immobilienfonds abgezogen wird und die Fondsanbieter ausreichend Liquiditätsreserven zurückhalten können. Im Fall von weiteren Immobilienkrisen müssen die Fondsgesellschaften, trotz der Beschränkung von Anteilsrücknahmen, darauf vorbereitet sein, dass einige Anleger rasch an ihr Kapital möchten. Daher werden die Fondsmanager zukünftig mehr Liquidität vorhalten müssen, was weniger renditestark angelegt wird. Infolgedessen dürften die Renditen von offenen Immobilienfonds in den nächsten Jahren eher etwas niedriger ausfallen als in den vergangenen 10 Jahren.

REITs sind Immobilienaktien mit häufig attraktiver regelmäßiger Ausschüttung. Im Standardfall erfolgt eine quartalsweise Dividendenausschüttung, einige liefern sogar monatlich Erträge. Anders als bei den schwankungsarmen offenen Immobilienfonds unterliegen REITs den mitunter turbulenten Kursausschlägen der weltweiten Aktienbörsen.

Tipp!

Offene Immobilenfonds und REITs sind für Anleger eine interessante Möglichkeit in Immobilien zu investieren, ohne sich um Gebäude aktiv kümmern zu müssen. Allerdings sollte der Anteil der Investitionen am Gesamt-Depot 20 Prozent nicht übersteigen. Bei offenen Immobilenfonds sollte zunächst einmal abgewartet werden, bis sich die Probleme in der Branche bis spätestens 2013 gelöst haben. REITs locken mit häufigen und recht ordentlichen Ausschüttungen, allerdings korrelieren sie stark mit dem allgemeinen Aktienmarkt, sind damit jedoch starken Kursschwankungen ausgesetzt.

Bis hierher haben Sie einige Finanzinstrumente kennengelernt. Vielleicht werden Sie sich jetzt fragen, welche denn nun für Sie in Frage kämen. Nur mehrere Anlageklassen kombiniert sorgen für Sicherheit und erzielen eine nachhaltige Wertsteigerung Ihres Depots. Daher kommen wir jetzt zum wichtigen Thema der „Asset Allocation".

8.10. Asset Allocation

Es gibt Anlageklassen (Asset-Klassen), deren Kursentwicklung erfolgt eher ruhig und stetig, bei anderen gibt es große Schwankungen (Volatilität). Gerade die Anlageklassen mit hohen Schwankungen erwiesen sich in der Vergangenheit, in einem langfristigen Zeitraum betrachtet, als besonders renditestark. Die höhere Rendite geht also gleichzeitig einher mit einem höheren Risiko. Da wir uns hier in diesem Buch nicht mit Trading befassen (dort wird versucht, die Schwankungen an der Börse gewinnbringend auszunutzen), sondern um langfristigen Vermögensaufbau, stellt sich die erhoffte Rendite häufig erst nach einem gewissen Zeitraum ein.

Wer beispielsweise eine Länder- oder Branchenwette aus dem Sektor der Schwellenländer (Emerging Markets) eingeht, muss damit rechnen, dass die Kurse auch mal mehr als 50 Prozent abrutschen können. Um diesen Verlust wieder zu egalisieren, benötigt es einen Kursanstieg von 100 Prozent! Also ist mitunter ein langer Atem notwendig.

Genau aus dem Grund des genannten Beispiels, ist es zwingend notwendig, das Risiko so klein wie möglich zuhalten. Sonst würden viele Menschen kaum mehr eine Nacht ruhig schlafen und eher einen Herzinfarkt erleiden, als später die Früchte der Geldanlagen zu ernten. Die Risikominimierung wird dadurch erzielt, weitere Anlageklassen mit ins Depot aufzunehmen, die wenig (optimal: gar nicht) mit der ersten korrelieren. Als klassisches Beispiel wird gerne die Kombination Aktien mit Anleihen genannt. Während Aktien ziemlich volatil sind, aber in guten Jahren auch hohe Renditen erzielen, gelten Anleihen als relativ sicher, aber insgesamt weniger renditestark im Vergleich zu Aktien. Bei einer Aufteilung von 50 Prozent Aktien und 50 Prozent Anleihen, betrüge der Wertrückgang des Portfolios bei einem Aktienbörsencrash von 30 Prozent nur rund 15 Prozent (eher noch weniger, wenn die Anleihen im gleichen Zeitraum eine positive Rendite erzielen konnten). Durch Hinzunahme weiterer Anlageklassen, deren Wertentwicklung möglichst unabhängig von anderen Anlageklassen ist, lässt sich das Risiko weiter minimieren. Aber die Renditeerwartung muss gleichzeitig nur geringfügig zurückgeschraubt werden. Für die konkrete Aufteilung der Anlageklassen gibt es keine ultimativ richtige Zusammensetzung, niemand kann die Zukunft derart genau vorhersagen. Statistisch lässt sich durch die Aufnahme mehrerer Anlageklassen jedoch belegen, dass sie eine Risikominimierung des Gesamtdepots zur Folge haben. Die konkrete individuelle Aufteilung muss jeder für sich selbst entscheiden. Dazu gehört neben der Risikobereitschaft auch der Anlagehorizont. Wenn jemand Geld für 2 bis 3 Jahre anlegen möchte, um dann eine größere Anschaffung zu tätigen, der sollte den Aktienanteil sehr gering belassen oder besser sogar überhaupt nicht in Aktien investieren. Wer jedoch für 10 Jahre oder länger nicht auf sein investiertes Kapital zurückgreifen braucht, kann einen hohen Aktienanteil im Portfolio halten. Bei derart langen Zeiträumen kann der Aktienanteil für offensive Anleger bis zu 50 Prozent (Abbildung 9) betragen, aber selbst für defensive Investoren sollte der Aktienanteil nicht unter 25 Prozent (Abbildung 10) liegen. Sonst würde man nachweislich auf Rendite verzichten, die notwendig ist, um ein Vermögen schneller aufzubauen als es die Inflation verzehrt. Bei der →passiven Asset Allocation behält man die einmal entschiedene prozentuale Verteilung konsequent bei. Dies bedeutet, bei einer Wertzunahme einer Anlageklasse (zum Beispiel des Aktienanteils), überschreitet man automatisch die gewünschte prozentuale Festlegung und verkauft demnach solange einige Anteile, bis die Anlageklasse wieder die ursprüngliche Größe angenommen hat. Das frei gewordene Kapital aus den Verkäufen wird in schwächer gelaufene Anlageklassen investiert. Wer regelmäßig frisches Kapital bezieht, der verkauft nicht Wertpapiere aus der gestiegenen Anlageklasse, sondern kauft in den anderen schwächeren Anlageklassen neue Anteile hinzu.

Tipp!

Das letztere Vorgehen ist meiner Meinung nach zu bevorzugen, sofern man die Mittel dazu hat. Denn es ist ja unser großes Ziel, Vermögen aufzubauen. Das geht natürlich schneller, wenn nicht nur die Gewinne aus den Anlageklassen erneut investiert werden, sondern weiterhin neues Geld mit hinzugenommen wird.

Umgekehrt, bei fallenden Aktienkursen wird vor allem in dieser Anlageklasse nachgekauft. Im Idealfall geschieht dies täglich. Um die Gebühren beim Verkaufen und Kaufen in überschaubare Grenzen zu halten, kann bei entsprechend großem Portfolio und langem Anlagehorizont auf wöchentliche oder monatliche Kontrollen zurückgegriffen werden. Wichtig ist nur, dass man sich konsequent an eine einmal festgelegte Asset Allocation hält. Denn nur so diszipliniert man sich selbst in ausgesprochenen Boomphasen eines Sektors und agiert gleichzeitig konsequent antizyklisch (kaufen bei günstigen Kursen - verkaufen bei teuren Kursen). Da sich die Erträge der unterschiedlichen Anlageklassen meist nicht parallel zueinander bewegen, ist es möglich eine positive Performance des veranlagten Kapitals zu erreichen, obwohl es bei einzelnen Sektoren der Geld-anlage zu einer negativen Entwicklung kommt. Somit kann durch Diversi-fikation das Risiko bei gegebener zu erwartender Rendite minimiert, be-ziehungsweise die Rendite bei gegebenem Risiko maximiert werden. Ein gewichtiger Beitrag zur Risikominimierung leistet zusätzlich das Money Management. Dieses besagt in einzelne Positionen nicht zu große Geld-mengen anzulegen, damit sogar bei einem möglichen Totalverlust einer Anlageklasse, das Gesamtportfolio nicht zu stark darunter leiden würde. Zudem ist es wichtig, immer auf ausreichende große Liquiditätsreserven zu achten, um bei günstigen Gelegenheiten nachkaufen zu können.

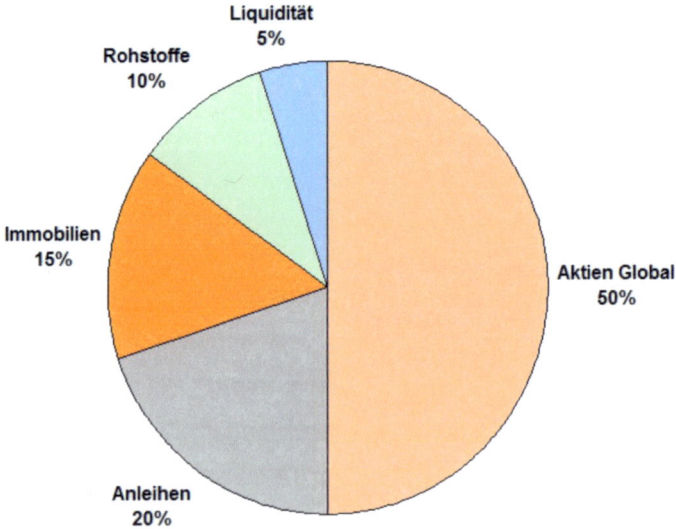

Abbildung 9: Beispiel für ein offensives Depot. Eine Aktienquote von 50 Prozent im Depot sollte nicht überschritten werden. Ein möglicher Crash an den Aktien-märkten könnte das Gesamt-Portfolio sonst zu sehr in Mitleidenschaft ziehen.

Die Liquidität (also Geld jederzeit verfügbar zu haben), sollte niemals unter 5 Prozent des Gesamtdepots sinken, sollte aber auch nicht dauerhaft über 20 Prozent liegen. Schnell verfügbares Geld wird im Standardfall nicht besonders gut verzinst und schmälert sonst die Gesamt-Rendite, wenn diese Anlageklasse einen zu großen Gesamtumfang aufweist.

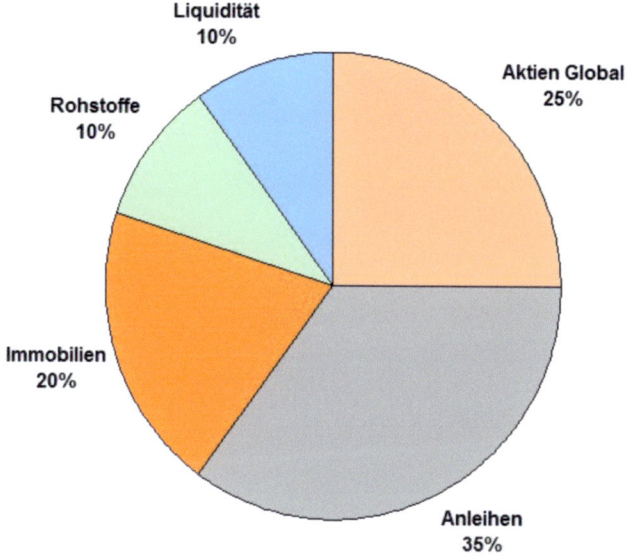

Abbildung 10: Beispiel für ein defensives Depot. Weniger als 25 Prozent sollte der Anteil an Aktien im gesamten Depot nicht betragen, da sonst nachweislich Rendite eingebüßt wird.

Erst nachdem die passive Asset Allocation einige Jahre erfolgreich praktiziert wurde, könnte man einen Schritt weitergehen und zur →dynamischen Asset Allocation übergehen. Bei dieser muss man aber beinahe täglich aktuell über die globalen wirtschaftlichen Geschehnisse informiert sein, um die Anlageklassen gezielt prozentual zu ändern. Zudem sollte man wirklich sehr großes Interesse an Wirtschaft und Börse haben. Dies könnte beispielsweise während einer ausgeprägten Euphorie am Aktienmarkt dazu führen, den Aktienanteil im eigenen Portfolio vorzeitig zu verringern und den Anleihenanteil aufzustocken. Oder umgekehrt während eines langen →Bärenmarktes könnte die Aktienquote vorzeitig gezielt erhöht werden.

Tipp!

Bleiben Sie am besten bei der passiven Asset Allocation. Denn die Geschehnisse am Markt „zwingen" Sie ja geradezu die richtigen Handlungen durchzuführen. Ein Crash an den Aktienbörsen führt ja automatisch zu einer prozentual verringerten Aktienquote, die Sie entsprechend wieder auf den einmal festgelegten Anteil verändern müssen und umgekehrt.

Viele Anleger kennen lediglich die typischen Investments, die langfristig einen Wertzuwachs vorweisen konnten. So stiegen in den letzten Jahrzehnten zum Beispiel die weltweiten Aktien-Indizes - trotz aller Schwankungen - um durchschnittlich sechse bis neun Prozent pro Jahr. Aber auch Anleihenfonds und Immobilienfonds stiegen unter dem Strich an. Die Werte aus der Vergangenheit zu extrapolieren ist eine Möglichkeit um die Renditeerwartung der nächsten Jahre abzuschätzen. Dennoch weiß niemand, ob eine Anlageklasse auch zukünftig die aus der Vergangenheit gewohnte Rendite erzielt. Eine neben den traditionellen Anlageklassen zusätzliche Möglichkeit der Investition sind die "alternativen Investments". Dazu gehört zum einen das außerbörsliche Beteiligungskapital (→private Equity), vor allem aber →Hedgefonds. Letztere gelten bei vielen Privatleuten noch heute als "Teufelszeug" und viel zu riskant. Ein Grund mag die im Vergleich zu anderen Investments nicht so klare Transparenz eine Rolle spielen. Aber neben Leerverkäufen, den Einsatz von Derivaten, Hebelprodukten, steht diesen Fonds die gesamte Palette an Handelsinstrumenten zur Verfügung. Eine Variante dabei ist die Trendfolge. Dabei wird versucht signifikante Trends (steigend oder fallend) in verschiedenen Märkten aufzuspüren. Sobald ein Trend erkannt wurde, wird laufend die Position vergrößert, gleichzeitig werden aber entsprechende →Stop-Loss-Order nachgezogen, wenn der Trade in die gewünschte Richtung läuft. Gerade Abwärtstrends können sehr ausgeprägt sein und vor allem in den Aktien-Bärenmärkten 2000 bis 2003 oder 2008 konnten von Hedgefonds, die mit einem Trendfolgemodell handelten, spektakuläre Gewinne erzielt werden. Daher könnte man zur Stabilisierung eines diversifizierten Portfolios über einen gewissen Anteil an Hedgefonds als Beimischung ernsthaft nachdenken.

Betrachten wir die Asset Allocation nun von etwas anderer Seite, sozusagen Vermögensverwaltung anschaulich dargestellt. Letztendlich sollten sämtliche Vermögensklassen, die Sie hoffentlich bald Ihr eigen nennen können, in Gesamtheit betrachtet werden. Sozusagen ein Team, was Ihnen in guter Form gute Gewinne beschert, in einem negativen Umfeld Ihr Kapital aber weitgehend schützt. Letzter Punkt wird von Anlegern oft nicht genug beachtet. Trotz aller Risiken, die Sie eingehen müssen, um mehr aus Ihrem Geld zu machen, ist die oberste Prämisse der Kapitalerhalt! Wenn Ihr Kapital verloren ist, dann können Sie auch kein passives Einkommen in Form von Zinsen, Dividenden oder auch Kursgewinnen erzielen. Wenn Sie 50 Prozent von Ihrem Kapital verlieren sollten, dann müssten Sie anschließend 100 Prozent wieder zurückgewinnen, um auf den Ausgangswert zu gelangen.

Sie können sich die Anlage- oder Vermögensklassen als Mannschaft vorstellen, ähnlich wie ein Handball-, Basketball-, Eishockey- oder Fußballteam. Bleiben wir bei einem Fußballteam, deren Aufbau ist wohl jedem bekannt. Dort gibt es einen Torwart, eine Verteidigung, ein Mittelfeld und einen Angriff. Jeder Mannschaftsteil hat seine Aufgabe zu erledigen. Torwart und Abwehr zusammen stärken die Defensive, sollten wie ein Fels in der Brandung wirken, um feindliche Angriffe abzuwehren. Das Mittelfeld ist der Motor einer Mannschaft. Hier ist Kreativität gefragt, um gezielte Angriffe vorzubereiten. In guten Zeiten rückt das Mittelfeld auch mit nach vorne, um die Offensive zu stärken. In schwächeren Zeiten hilft das Mittelfeld aber auch in der Abwehr aus, um schlimmere Situationen zu vermeiden. Der Angriff soll die entscheidenden Tore erzielen, um das gesamte Team auf die Siegerstraße zu bringen.

Ähnlich wie bei einem Fußballteam können Sie sich Ihr Team von Anlageklassen vorstellen. Da macht es wenig Sinn 11 Angreifer aufzustellen. Ihr Team würde hoffnungslos untergehen. Wenn Sie aber 11 Leute als Torhüter und Abwehr aufstellen, werden Sie nicht richtig vorankommen. Der richtige Mix ist auch hier die optimale Lösung.

Welche Anlageklassen für Ihr Vermögen?

Als Liquiditätsreserve bieten sich Sparbücher, heutzutage eher Tages-geldkonten, in manchen Fällen auch Geldmarktfonds an. Hier wird Geld einerseits für zukünftig anstehende Anschaffungen, wie ein neuer Kühl-schrank, eine Waschmaschine, einen Urlaub im nächsten Jahr oder sons-tige Gebrauchsgegenstände geparkt. Andererseits lagert hier auch die Notreserve für unvorhersehbare Geschehnisse wie Arbeitslosigkeit oder Krankheit. In Kapitel 6 hatten wir gesehen, dass hiermit der finanzielle Schutz in Höhe von rund 6- bis 12 Netto-Monatsgehältern gemeint ist. Alles Geld, was über diese Höhe hinausgeht, wird für höher verzinste Anlageklassen gebraucht. Die Liquiditätsreserve gehört zum Mann-schaftsteil Torwart.

Als - zum Teil offensive - Verteidigung bieten sich auch →Anleihenfonds (auch →Rentenfonds genannt) von Europa oder den USA an. Diese bie-ten derzeit zwar eher eine bescheidene Rendite, aber dafür gelten diese trotzdem weiterhin als recht sicher. Ein Teil der zur Verfügung stehenden Liquidität kann auch in Festgeld zwischengeparkt werden. Zwar ist es nicht unverzüglich verfügbar, aber es gibt auch überschaubare Laufzeiten von 6 oder 12 Monaten. Die Gelder in der Verteidigung sollten nicht zu knapp sein, denn sie schützen Ihr Kapital vor der rauen See der Kapital-marktgeschehnisse. Selbst bei einem Börsencrash wissen Sie hier Ihr Kapital sicher. Daher auch die Kategorie Abwehr, denn dieser Teil der Liquidität erweist sich in Ihrem Depot als Fels in der Brandung, mit dem Sie auch in turbulenten Zeiten gut schlafen können. Allerdings macht es auch keinen wirklichen Sinn in diesem Bereich zu viel Geld liegen zu las-sen. Denn derart angelegt bringt es nur eine relativ bescheidene Rendite.

Daher, alles was über Ihr persönliches Risikobedürfnis hinausgeht, sollte wirklich in Vermögenswerte investiert werden. Dazu schauen wir uns nun das Mittelfeld an.

Das Mittelfeld ist der Motor eines jeden Teams

Hier sind die kreativen, teilweise zündenden Ideen zu finden, die einen erfolgreichen Angriff einleiten können. Auch aus dem Mittelfeld heraus können Tore geschossen werden. Allerdings kann es in schlechten Zeiten der Abwehr zur Hilfe kommen, um das ganze Depot zu verteidigen. Hierzu gehören offene Immobilienfonds, die mindestens auf einen gesamten Kontinent, besser sogar weltweit investieren können. Die Wertsteigerung lag in der Vergangenheit zwischen 3,5 und 4,5 Prozent und die jährliche Ausschüttung erfolgt teilweise steuerfrei.

Zum - eher offensiven - Mittelfeld gehören Anleihenfonds von Unternehmen und Schwellenländern. Das vermeintlich etwas höhere Risiko im Vergleich zu Anleihen Europa oder USA wird allerdings oft durch eine merklich höhere Rendite belohnt.

In keinem gut diversifizierten Depot darf allerdings ein weltweit anlegender Aktienfonds fehlen. Hier bieten sich Fonds und ETFs an, die Wert auf Dividenden legen. Selbst in unruhigen Börsenzeiten mit fallenden Kursen, erhält man als kleine Entschädigung für fallende Kurse wenigstens eine erhöhte Dividendenrendite. In Zeiten einer →Aktienhausse werden Fonds und ETFs der Blue Chips nicht die →Outperformer darstellen. Sie werden nicht die Ranglisten der Finanzinstrumente mit der höchsten Kurssteigerung sein. Aber auch sie werden schöne Kursgewinne aufweisen und die

Dividende gibt es noch obendrauf. In Zeiten einer Aktienhausse lassen sich Dividendenfonds und –ETFs ebenfalls dem offensiven Mittelfeld zuordnen.

Der Angriff soll die entscheidenden Tore erzielen

Übertragen auf Ihr Depot bedeutet dies große Kurssteigerung in bestimmten Situationen. In ausgeprägten Haussephasen an der Börse entwickeln sich Aktienfonds basierend auf Emerging Markets (Schwellenländer) in der Regel deutlich besser als die etwas schwerfälligeren Dividendenfonds und –ETFs. Hedgefonds und einige Rohstoffe zählen ebenso zum Angriff einer Mannschaft dazu wie - für offensive und risikofreudige Anleger - ein kleiner Anteil von Optionsscheinen. Im Vergleich zu den anderen Mannschaftsteilen sollte der Angriff allerdings nicht überbesetzt sein. Ein Anteil von 20 Prozent des gesamten Portfolios sollte als oberste Grenze angesehen und auf keinen Fall überschritten werden. Denn so stark die Angriffsinstrumente in guten Marktphasen punkten, in schwachen Marktphasen können in diesem Sektor herbe Verluste auftreten.

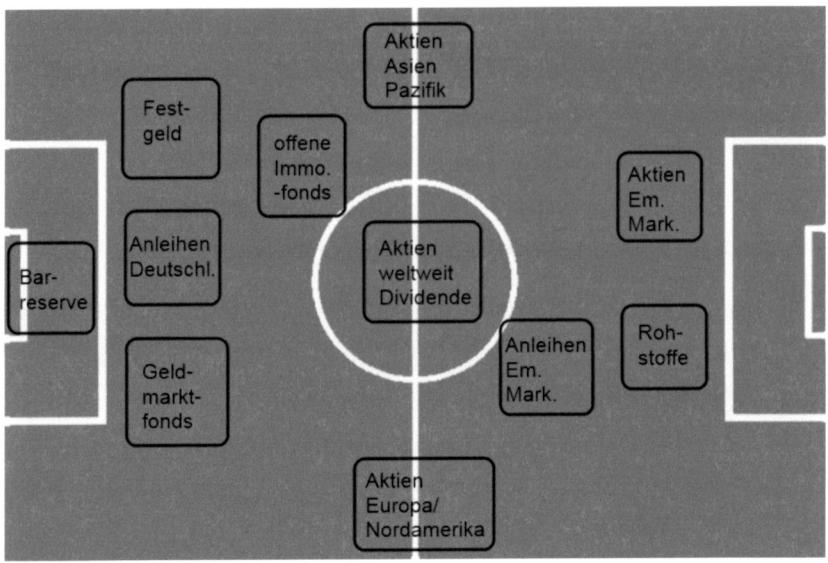

Abbildung 11: Beispiel für ein ausgewogenes Team von Anlageklassen. Torwart und Abwehr bestehen aus Liquidität oder sicheren Anleihen. Das Mittelfeld beginnt mit offenen Immobilienfonds und erstreckt sich über Aktien bis zu Anleihen aus Schwellenländern. Aktien aus Schwellenländern sowie Rohstoffe bilden den Angriff.

Sie sehen, selbst mit Finanzinstrumenten, die auf dem ersten Blick nüchtern und trocken erscheinen, lässt sich für jedermann anschaulich spielerisch ein Team zusammenstellen (siehe Abbildung 11). Ein Team, welches Ihr vorhandenes Kapital einerseits in rauen Zeiten schützt, aber in guten Zeiten Ihnen schöne Gewinne bescheren wird. Die genannten Beispiele und deren Zuordnung zu einem Mannschaftsteil sind längst nicht vollständig. Zudem könnte man die Aufteilung noch feiner untergliedern. Es sollte lediglich für Sie anschaulich zeigen, dass man bereits mit relativ wenigen Finanzinstrumenten Vermögensaufbau betreiben kann.

Investition in Bildung

Ja, Sie lesen richtig. Auch eine kostenpflichtige Weiterbildung zu besuchen, kann eine Investition sein. Sie könnten beispielsweise ein Seminar über eine Unternehmungsgründung besuchen oder eine Sprachschulung machen, um dann im Ausland Geld zu verdienen. Wenn Sie Verkäufer von Produkten werden möchten, dann bieten sich Schulungen im Bereich Sales und Marketing an. Auch wenn Sie Ihrem Nachwuchs ein Studium finanzieren, investieren Sie zwar nicht direkt für sich, aber in die finanzielle Zukunft Ihrer Nachkommen.

Sei gut zu Deinem Geld

Mit dieser Aussage von mir werden einige von Ihnen vielleicht denken, ob ich jetzt nicht zu weit gehe. Geld ist letztendlich eine Sache und kein Haustier oder gar eine nahestehende Person. Da stimme ich Ihnen völlig zu. Es gibt allerdings Verhaltensweisen, die sich oft rein objektiv nicht erklären lassen. Als ich in früheren Jahren knapp bei Kasse war und schauen musste gut über den Monat zu kommen, gerade dann geschahen Ereignisse, die ich nicht gebrauchen konnte. Nicht nur, dass mein Auto dann ein Problem hatte und es in die Werkstatt musste. Fernseher oder die Waschmaschine waren oft zeitgleich defekt. Zudem erreichte mich eine Rechnung, an die ich nicht mehr gedacht hatte oder ich musste für eine Veranstaltung noch entsprechende Kleidung besorgen. Auch beim Glücksspiel wirkte sich das jeweilige Verhalten aus. Ich war mit einem Freund, der zur damaligen Zeit bereits einiges an Geld gespart und angelegt hatte, an einem Abend im Casino. Während ich an diesem Abend etwa 200 Euro verlor, gewann mein Freund gleichzeitig 400 Euro.

Dies mag vielleicht Zufall gewesen sein, aber dennoch fiel mir dieser A-
bend im Nachhinein noch ein. Denn Jahre später, als es mir finanziell gut
ging und ich dementsprechend auch eine gewisse Wertschätzung dem
Geld gegenüber brachte, gab es immer wieder Fälle, bei denen ich plötzlich weniger bezahlen musste als geplant oder dass unerwartet eine Zahlung auf dem Konto einging, an die ich nicht gedacht hatte. Vielleicht werden Sie nun sagen, meine Aussage sei in den Bereich der Mystik anzu-
siedeln. Aber, wenn es Ihnen derzeit finanziell noch nicht so gut geht und
Sie hoffentlich aufgrund dieses Buchs bald finanziell unabhängiger werden, dann werden Sie sich später an diese Sätze möglicherweise noch
einmal erinnern.

Kapitel 9

Die Bedeutung von „Cashflow"

„Der Zinseszins ist die größte mathematische Entdeckung aller Zeiten."

Albert Einstein

Viele Leute, die an der Börse aktiv tätig sind, lassen es nach einiger Zeit wieder sein, weil sie keinen Erfolg haben. Warum haben sie keinen Erfolg? Weil die meisten der Börsenteilnehmer spekulieren. Die weitaus größte Masse, die an der Börse aktiv ist, kennt nicht den Unterschied zwischen spekulieren und investieren. Beim Spekulieren hofft der Marktteilnehmer darauf, dass sich die Kurse der Aktien, Anleihen, Zertifikate oder sonstigen Börseninstrumente in die gewünschte Richtung entwickeln. Dagegen setzt beim Investieren innerhalb eines überschaubaren Zeitraumes ein Strom von Kapital ins eigene Portemonnaie ein. Dieser Vorgang wird „Cashflow" genannt.

Merksatz!
Investitionen erzeugen passives Einkommen, welches einen Strom von Geld in das eigene Portemonnaie bewirkt. Dieser Prozess wird positiver „Cashflow" genannt. Im Umkehrschluss sind sämtliche Geldausgaben, die keinen positiven „Cashflow" erzeugen, auch keine Investitionen.

Börsenteilnehmer, die nicht spekulieren, sondern investieren und einen dauerhaften „Cashflow" als passives Einkommen erzielen, haben eine höhere Ebene an erfolgreicher finanzieller Denkweise erreicht. Dieser

Sachverhalt bedeutet gleichzeitig, dass den Personen, die in erster Linie beim Investieren in Aktien auf Dividendenzahlungen setzen, die täglichen Kursschwankungen relativ gleichgültig sind. Sollte es sogar einen regelrechten Börsencrash geben, dann nutzt diese finanziell aufgeklärte Gruppe die günstigen Aktienkursen und kauft beherzt neue Wertpapier-Anteile nach.

Es ist ein immer wieder zu beobachtendes Phänomen am Aktienmarkt. Die Masse der Börsenteilnehmer kauft bei teuren (also hohen) Kursen und verkauft bei billigen (also niedrigen) Kursen. Was im Alltag an der Tankstelle oder beim Vergleich des Stromanbieters gut klappt, nämlich preislich günstig kaufen, funktioniert am Aktienmarkt erstaunlicherweise mehrheitlich nicht.

Unternehmen, die regelmäßig eine attraktive Dividendenzahlung aus ihren erzielten Gewinnen zahlen können - ohne an ihre Substanz gehen zu müssen - gelten als nachhaltig gesund und profitabel. Derartige Unternehmen werden selbst in Crash-Phasen weniger „unter die Räder gelangen" als andere. Zudem lohnt es sich hier besonders, nach gefallenen Kursen günstig nachzukaufen, da sie einen hohen Anteil an Geldreserven besitzen und Krisenzeiten besser überbrücken können. Sobald die schwierige wirtschaftliche Zeit vorbei ist, können substanzstarke Unternehmen ihr Erfolgsrezept fortsetzen. Dennoch sollten Einzelunternehmen einen nicht zu großen Anteil in Ihrem Wertpapier-Depot ausmachen. Denn selbst große und im Grundsatz solide geführte Unternehmen können bei überraschenden Ereignissen in ernste Schwierigkeiten bis hin zum Bankrott geraten. Das Beispiel BP (früher für: „British Petroleum", steht heute für den Slogan „beyond petroleum") und die lang anhaltenden, vor allem extrem teuren Versuche das heraussprudelnde Öl im Golf von Mexiko im

Frühling und Frühsommer 2010 zu verhindern, sind den meisten von uns sicher noch gut in Erinnerung. Der Kurs von BP brach gegen den allgemeinen Trend am Aktienmarkt um fast 50 Prozent ein, konnte sich anschließend aber teilweise wieder erholen. Andere Beispiele für einst sichere Unternehmen mit zuverlässiger Dividendenzahlung sind E.ON und RWE. Nach der Reaktorkatastrophe in Fukushima änderte sich in Deutschland massiv die Einstellung zur Energiegewinnung aus Atomkraft. Als Folge schwanden für beide Versorgungsunternehmen - die zu einem Teil auf die Atomenergie setzten - eingeplante Gewinne und ihr Wert an der Börse ging deutlich zurück. Der Rückgang war derart markant, dass sogar über eine Kürzung der sonst üppigen Dividende nachgedacht wurde.

Um das Risiko von einzelnen Unternehmen, die plötzlich in Schwierigkeiten geraten oder sogar Insolvenz anmelden müssen, zu minimieren, gibt es Dividenden-Fonds oder Dividenden-ETFs (siehe auch Kapitel 8.3). Derartige Fonds oder ETFs verwalten mehrere Dutzend Unternehmen, die eine attraktive Dividendenausschüttung planen. In der Regel erhält der Anleger oder Investor ein- bis viermal jährlich eine Ausschüttung der gezahlten Dividenden. Da merkt man es am regelmäßigen „Cashflow" kaum, ob ein Unternehmen im Fonds oder ETF mangels Erfolg ausgetauscht werden musste oder nicht.

Tipp!

Es gibt thesaurierende und ausschüttende Fonds und ETFs. Sollten Sie auf einen regelmäßigen „Cashflow" Wert legen, dann wählen sie die ausschüttende Variante.

Analog gilt ähnliches für die regelmäßige Zinszahlung von Anleihen. Anleihen gelten bei vielen Leuten im Vergleich zu den schwankungsfreudi-
gen Aktien als langweilig. Die Kurssteigerung ist in der Regel sehr mode-
rat, bei manchen kaum vorhanden und die Kupon-Zahlungen sind vielen
zu mickrig. Allerdings können Anleihen sehr solide regelmäßige Erträge
erzielen, die bei Unternehmensanleihen oder Anleihen aus Schwellenländern auch 5 bis 6 Prozent pro Jahr überschreiten können. Es gibt heutzutage Fonds und ETFs, die ein ganzes Bündel von Anleihen beinhalten.
Einige Zahlungen finden auch monatlich statt und mit diesen Finanzinstrumenten lässt sich neben seinem Gehalt aus aktiver Arbeit quasi noch
ein nettes monatliches Zusatzgehalt erzielen.

Regelmäßige Zins- und Dividendenzahlungen sind nicht die einzige Form
von „Cashflow". Monatliche Mieteinnahmen aus Immobilienbesitz - die
Selbstnutzung von Immobilien kostet Geld und sorgt daher nicht für einen
direkten Geldstrom in Ihr Portemonnaie! - gehören ebenso dazu wie Tantiemen als Musiker oder Buchautor. Eine andere Möglichkeit bietet das
Programmieren von Software und diese auf den Markt zu bringen oder
Sie kassieren Provisionen für die Empfehlung einer innovativen Marketingidee.

Ausdrücklich keine Investition ist der Erwerb von Autos, Segelschiffen
oder - mit Einschränkung - einer Immobilie zur Eigennutzung. Das Thema
Immobilie zur Eigennutzung wurde bereits in Kapitel 8.9 ausführlich diskutiert. Solange man eine Immobilie bewohnt und gleichzeitig noch deren
Verbindlichkeit tilgt, ist sie lediglich eine Investition für die Bank, mitnichten für den Nutzer. Nach Abzahlung der Verbindlichkeit, ist die Immobilie
lediglich mit Einschränkungen eine Investition für den Besitzer, wenn laufende Kosten und Zahlungen für wiederkehrende Reparaturarbeiten unter

der Summe bleiben, die man alternativ für ein Mietobjekt ausgeben würde.

Gerade wenn derartige Luxusgüter auf Kredit erworben werden, dann stellen diese zwar für die Bank eine Investition dar (sie bekommt ja regelmäßigen „Cashflow" aus Ihrem Portemonnaie). Für Sie persönlich ist dieses Geschäft allerdings lediglich eine Verbindlichkeit, das bedeutet es kostet Sie regelmäßig Geld.

9.1 Monatlich regelmäßig „Cashflow" erzeugen

Die Instrumente, mit denen sich passives Einkommen in Form von „Cashflow" erzeugen lässt, haben Sie mittlerweile kennen gelernt. Es gibt einige Aktien, die eine monatliche Dividende ausschütten. Dazu gehören einige Immobilienaktien (→REITs) vorwiegend aus den Vereinigten Staaten und Kanada. Auch Aktien aus dem Sektor Energie schütten teilweise monatlich eine Dividende aus. Auf meinem Blog http://finanziell-umdenken.blogspot.com/ wird darüber in unregelmäßigen Abständen berichtet. Das Problem bei Investments in Einzel-Aktien ist das merklich größere Risiko für das eingesetzte Kapital im Vergleich zu ETFs. Daher sollte dort auch nur ein kleiner Teil der verfügbaren Liquidität für Investments verwendet werden.

Zinsen und Dividenden werden im Standardfall nicht monatlich ausgezahlt, sondern quartalsweise oder jährlich. Wie eben beschrieben, erfolgt lediglich im Einzelfall eine monatliche Ausschüttung. Durch geschickte Auswahl von Fonds und ETFs lässt sich jedoch ein monatliches Auszahlungsmodell konstruieren, dazu folgendes Beispiel.

iSh.DJ STOXX Gl.S.D.100	63,58
iSh. JPM.$ Em.Mkts Bd	30,69
google-Werbung	12,5
sonstige Zinsen Jan.	7,12
Januar gesamt	**113,89**
iSh. Euro High Yield Bd.	38,97
iSh. JPM.$ Em.Mkts B	28,67
google-Werbung	14,87
sonstige Zinsen Feb.	8,5
Februar gesamt	**91,01**
iSh.Asia Pacific Sel.Div.30	54,69
iSh. Euro High Yield Bd.	38,97
iSh. JPM.$ Em.Mkts Bd	33,65
google-Werbung	11,78
sonstige Zinsen Mär./1.Quartal	59,32
März gesamt	**198,41**
iSh.DJ STOXX Gl.S.D.100	75,39
iSh. JPM.$ Em.Mkts Bd	31,43
google-Werbung	12,5
sonstige Zinsen Apr.	8,48
April gesamt	**127,8**
LYXOR ETF STOXX EUR. 600 TELECOM.	54,66
iSh. JPM.$ Em.Mkts Bd	28,67
google-Werbung	13,45
sonstige Zinsen Mai	9,19
Mai gesamt	**105,97**
Hausinvest	256,78
iSh.Asia Pacific Sel.Div.30	61,34
iSh. JPM.$ Em.Mkts Bd	35,65
google-Werbung	12,25
sonstige Zinsen Jun./2.Quartal	68,98
Juni gesamt	**435**
ETFLAB DAXPLUS Max. Dividend	149,59

iSh. JPM.$ Em.Mkts Bd	30,69
google-Werbung	12,5
sonstige Zinsen Jul.	7,75
Juli gesamt	**200,53**
iSh. Euro High Yield Bd.	38,97
iSh. JPM.$ Em.Mkts Bd	28,67
google-Werbung	14,87
sonstige Zinsen Aug.	8,87
August gesamt	**91,38**
iSh.Asia Pacific Sel.Div.30	54,69
iSh. JPM.$ Em.Mkts Bd	33,65
google-Werbung	11,78
sonstige Zinsen Sep./3.Quartal	64,67
September gesamt	**164,79**
iSh.DJ STOXX Gl.S.D.100	75,39
iSh. JPM.$ Em.Mkts Bd	31,43
google-Werbung	11,89
sonstige Zinsen Okt.	8,48
Oktober gesamt	**127,19**
DWS Top Dividende	189,76
iSh. JPM.$ Em.Mkts Bd	28,67
google-Werbung	12,56
sonstige Zinsen Nov.	9,5
November gesamt	**240,49**
iSh.Asia Pacific Sel.Div.30	61,34
iSh. JPM.$ Em.Mkts Bd	34,65
google-Werbung	13,34
sonstige Zinsen Dez./4.Quartal	75,23
Dezember gesamt	**184,56**

Abbildung 12: Beispiel für einen monatlichen „Cashflow" aus passivem Einkommen innerhalb eines Jahres. Im Durchschnitt lassen sich hier immerhin 173 Euro monatlich erzielen.

Wer beispielsweise eine private Webseite betreibt, die wenigstens einige externe Besucher anzieht, ein bisschen Geld auf dem Tages- und Festgeld hat, erzielt zumindest ein paar Euro aus dem Erlös mit Google-Werbung und Zinsen. Wenn dann noch ein paar tausend Euro in Aktien-ETFs, Anleihen-ETFs und offene Immobilienfonds investiert sind, lässt sich bereits ein - in der Summe nicht unbedeutender - monatlicher „Cashflow" erzielen. Das passive Einkommen ist in solchen Fällen zwar unregelmäßig verteilt, aber im vorliegenden Beispiel (Abbildung 12) wird im Durchschnitt ein monatliches Einkommen von 173 Euro erzielt. 173 Euro gelangen Monat für Monat auf ihr Konto, ohne dass Sie viel dafür tun müssen. Diesen „Cashflow" könnten Sie beispielsweise nutzen, um eine bestehende Verbindlichkeit zu tilgen oder Sie belohnen sich und Ihre Familie mit einem Ausflug oder einem üppigeren Besuch einer Gastronomie. Mit jeder Gelegenheit weitere Vermögenswerte zu kaufen, steigern Sie ihr passives Einkommen und damit den positiven „Cashflow" in Ihre Geldbörse.

9.2 Die finanziell aufgeklärte Denkweise

Die letzten drei Kapitel sind enorm wichtig. Lesen Sie diese sich ruhig noch ein zweites oder drittes Mal durch. Die wichtigste Lektion sind nicht die in Kapitel 8 beschriebenen Finanzvehikel, sondern ist die grundsätzliche, finanziell aufgeklärte Denkweise eines Investors. Ich möchte Ihnen das an einem Beispiel erklären. Angenommen, Sie möchten sich ein kleines Sportboot leisten, um damit Ihre Freizeit zu verbringen. Sagen wir es kostet 50 000 Euro. Den Fall das Boot auf Kredit zu erwerben betrachten wir hier nicht, denn das wäre ein typischer Fall von „dummen" Schulden.

Wenn Sie nun diesen Betrag bereits zur Verfügung hätten und das gesamte Geld dafür ausgeben würden, wäre das Kapital weg und kann nicht mehr für Sie arbeiten. Das Boot würde im Laufe der Jahre immer weniger wert. Sie könnten stattdessen 50 000 Euro in Vermögenswerte investieren, was Ihnen regelmäßig passives Einkommen liefert. Nun hätten Sie die Möglichkeit zu warten, bis die regelmäßigen Einkünfte den Kaufpreis erreicht haben. Das könnte allerdings eine Weile dauern. Oder Sie bezahlen Ihr gewünschtes Boot in Raten ab und zwar genau in der Höhe des regelmäßigen „Cashflow" Ihres 50 000 Euro - Investments. Weil das Boot in Raten abbezahlt wird, liegt der Wert, den Sie bezahlen müssen, letztendlich zwar etwas über 50 000 Euro (Sie bezahlen ja eine Verbindlichkeit inklusive Zinsen ab), aber nachdem die Raten abbezahlt wurden, ist Ihr Ursprungskapital von 50 000 Euro weiter vorhanden. Es hat nicht nur Ihr Boot finanziert, sondern liefert Ihnen nach Abzahlung auch weiterhin ein passives Einkommen. Erkennen Sie den Unterschied? Ein finanziell nicht aufgeklärter Mensch würde die 50 000 Euro ausgeben. Das Geld wäre dann weg und im Gegenwert hätten Sie einen Gebrauchsgegenstand, der im Laufe der Zeit immer mehr an Wert verliert. Eine finanziell aufgeklärte Person fragt sich: Wie kann ich investieren, um mir von dem daraus resultierenden passiven Einkommen meine Wünsche zu erfüllen? Der finanziell aufgeklärte Mensch hätte letztendlich 50 000 Euro, ein Boot und eine weiter sprudelnde passive Einkommensquelle. Natürlich würde das Abzahlen des Bootes mit dem passiven Einkommen aus einem Investment, welches 50 000 Euro wert ist, einige Jahre benötigen. Aber vielleicht gelingt es mit einem weiteren Investment erneut einen passiven Einkommensstrom zu generieren, um damit das Abzahlen des Bootes zu beschleunigen.

So hat auch Warren Buffet (ein sehr erfolgreicher Investor, er war 2010 zusammen mit Bill Gates der reichste Mann der Welt) begonnen. Er kaufte von seinem ersparten Geld einen Flipperautomat und stellte ihn einer öffentlichen Einrichtung zur Verfügung. Von dem Erlös kaufte er sich einen weiteren Spielautomat, usw.

Nach diesem Prinzip gehen erfolgreiche Investoren vor, so laufen viele der großen Geschäfte dieser Welt ab. Erinnern Sie sich noch an den Erbauer der Wasser-Pipeline in Kapitel 7? Mit jeder Fertigstellung eines Teilstückes der Pipeline, musste der Wasserträger einen kürzeren Weg zurücklegen, um an seinen Lohn zu kommen. Oder er arbeitete alternativ genauso lang, konnte damit aber noch mehr verdienen als zuvor.

Denken Sie ab heute ebenfalls wie die großen Investoren. Betrachten Sie Geld nicht nur als Tauschmittel für einen schnellen Konsumgenuss, sondern sehen Sie es als Kapital für Investments zur Finanzierung Ihrer Wünsche!

Merksatz!
Betrachten Sie Geld nicht nur als Tauschmittel für einen Konsumgenuss, sondern sehen Sie es als Kapital für Investments zur Finanzierung Ihrer Wünsche!

Suchen auch Sie ab sofort fortwährend nach Möglichkeiten einen positiven „Cashflow" in Form von passivem Einkommen zu erzielen. Oft macht jeder Einkommensstrom lediglich einen kleinen Betrag aus, aber wenn Sie mehrere solcher Möglichkeiten erschließen, dann kommt in der Summe über die Zeit auch schon zusätzliches Geld zusammen. Wenn Sie ein heiß geliebtes Hobby zum Beruf machen wollen, dann suchen Sie nach

Möglichkeiten ein Unternehmen zu gründen. Mit einem wachsenden Unternehmen lassen sich letztendlich sogar größere Summen an „Cashflow" erzeugen.

Wann sind Sie ein Unternehmer? Im Grunde beginnt Unternehmertum bereits, wenn Sie Vermögenswerte besitzen. Sogar ein Wertpapier-Depot ist Ihr kleines Unternehmen. Jede Aktie, Anleihe, Immobilie, jeder Fonds, ETF arbeitet für Sie. Es sind Ihre „Mitarbeiter", die hoffentlich profitabel für Sie aktiv sind. Sie müssen von Zeit zu Zeit entscheiden, ob Ihre „Mitarbeiter" gut oder weniger gut für Sie arbeiten. Was macht ein Unternehmer mit einem Angestellten, der nicht gut arbeitet? Er wird ihn gegen einen neuen Mitarbeiter austauschen, der hoffentlich bessere Ergebnisse abliefert. So sollten auch alle Besitzer eines Wertpapier-Depots agieren. Oft bleiben jedoch die „Verlierer" im Depot, in der Hoffnung, dass sie irgendwann wieder in die Gewinnzone gelangen. Doch meist passiert dies nicht.

Sollten Sie neben einem Wertpapier-Depot noch eine gute Idee haben, was andere Leute begeistern könnte, dann gründen Sie ein Unternehmen, um Werte zu verkaufen. Dies kann ein kleines Geschäft sein, welches neben Ihnen noch ein paar wenige weitere Mitarbeiter hat. Wenn dieses Geschäft erfolgreich verläuft, dann wächst Ihr Unternehmen weiter. Prominente Beispiele für derartige Ideen sind Bill Gates mit der Gründung von Microsoft, Steve Jobs mit Apple oder Marc Zuckerberg, der die Idee zur Entstehung von Facebook hatte. Wichtig ist, ein Unternehmer ist letztendlich alleine für seine Entscheidungen verantwortlich. Zwar kann dieser mehrere Berater zur Entscheidungsfindung heranziehen, aber die grundlegende Richtung gibt der Unternehmer vor.

Kapitel 10
Schlussbemerkungen

„Der eigentliche Sinn des Reichtums ist,
freigiebig davon zu spenden."

Blaise Pascal

Ich hoffe, dieses Buch hat Ihnen die Augen über unser Finanzsystem, Ihre persönliche finanzielle Situation und wie Sie Ihren Umgang mit Geld ändern können, weit geöffnet. Wenn Sie die Anregungen und Tipps hier im Buch befolgen, werden Sie bald immer mehr Wohlstand genießen können. Sie werden mehr Zeit für Ihre Hobbys, Ihre Freunde und Familie haben. Sie werden sich gesundheitlich einfach besser fühlen, da Sie deutlich weniger Stress erwartet und ernsthafte finanzielle oder gar existenzielle Sorgen definitiv der Vergangenheit angehören. Wenn Sie zu den Leuten gehören, die sich mit dem Thema Geld und Vorsorge bislang noch nicht sehr viel befasst haben, dann wird in diesem Buch sehr viel Neues auf Sie eingestürzt sein. Aber immerhin sind Sie am Ball geblieben und haben es bis hierher gelesen. Lesen Sie dieses Buch ruhig noch ein zweites Mal. Manchmal entdeckt man erst beim zweiten Lesen weitere Zusammenhänge, die sich bislang noch nicht erschlossen haben.

Auch nach mehrmaligem Lesen dieses Buches bleiben möglicherweise noch ein paar Fragen offen. Zudem entwickeln sich in der Finanzindustrie neue Instrumente und Strukturen, die zusätzliche Anlagemöglichkeiten für Privatinvestoren bieten. Sie können sich auf meinem Blog http://finanziell-umdenken.blogspot.com immer über den aktuellen Stand informieren.

Wenn Sie bereits auf dem Weg zur finanziellen Unabhängigkeit oder sogar schon wohlhabend sind, dann sollte es eine Selbstverständlichkeit sein, an diejenigen zu denken, die es nicht soweit bringen konnten wie Sie. Denn Ihr Wohlstand sollte nicht dazu führen, dass Sie auf einem großen Haufen Geld sitzen und bis ans Lebensende geizig jeden Cent umdrehen. Nein, es soll Ihnen selbst das Leben - auch im Alter - so angenehm wie möglich machen. Aber spätestens, wenn Sie dieses wichtige Ziel erreicht haben, wird es Zeit abzugeben. Wir, in der westlichen Welt, leben in einem sehr angenehmen Umfeld von Frieden und relativ hohem Wohlstandsniveau. Zwar gibt es auch bei uns Armut und Menschen mit Schicksalsschlägen, dennoch richtiges Elend und schreckliche Armut oder eine Ungerechtigkeit, die einen zornig macht, findet man noch in vielen anderen Gebieten unserer Erde.

Genau für diese Gruppen ist es wichtig, dass wir von unserem Überfluss - Wohlstand bedeutet Überfluss an materiellen Dingen - einen Teil abgegeben, die nicht auf der Sonnenseite des Lebens stehen. Spenden Sie also regelmäßig etwa 10 Prozent Ihres Wohlstandes an diejenigen, die bedürftig sind und heute noch nicht wissen, wie sie den morgigen Tag überleben können. Sie können sich aussuchen, ob Sie Hilfsorganisationen in Afrika, Gruppen, welche unterdrückt werden oder einzelne Personen, die Sie mehr oder weniger gut kennen, finanziell unterstützen. Allerdings sollten Sie sich beim Spenden überlegen, statt einer kurzfristigen Unterstützung, eher auf nachhaltige Hilfen zu setzen. So ist der Nutzen von Geldern, die für den Ausbau der Infrastruktur oder nachhaltige Aufbauprojekte eingesetzt werden, langfristig größer als wenn ausschließlich kurzfristig geholfen wird, ohne das Problem an der Wurzel zu bekämpfen. Selbst wenn Ihnen Einzelpersonen wichtig sind, es dauerhaft nicht zielführend, denen ein paar Geldscheine zuzustecken. Diese fallen regelrecht durch ein Fass ohne Boden. Versuchen Sie in derartigen Fällen nachhaltig zu helfen, indem Sie zum Beispiel eine Aus- oder Weiterbildung finanzieren. Oder sollten Drogen im Spiel sein, können Sie eine Suchttherapie finanziell unterstützen.

Sie werden feststellen, wie gut es Ihnen selbst geht, wenn Sie mit verfolgen können, wie andere aus der Not herauskommen und plötzlich wieder lachen können, eine Zukunftsperspektive haben und nicht mehr täglich im Elend dahin vegetieren.

Zum Schluss noch eine Bemerkung: Ähnlich wie es beim Umgang mit Geld ein objektiv nicht erklärbares Verhalten gibt, je nach dem wie Sie Geld gut behandeln, ist auch beim Spenden festzustellen: Je mehr und häufiger Sie spenden, desto mehr Geld gelangt auch weder zu Ihnen zurück...

Glossar

Aktienhausse: Eine Phase mit länger anhaltend steigenden Kursen am Aktienmarkt, die auch Bullenmarkt genannt wird. Nicht selten mündet eine Hausse in eine Übertreibungsphase mit extrem stark steigenden Kursen, die ein Warnsignal auf eine bevorstehende Trendwende ist.

Anleihen: Eine Anleihe (festverzinsliches Wertpapier) bedeutet einen schuldrechtlichen Anspruch auf die Zahlung eines zeitabhängigen Entgelts (Zinsen) und die Rückzahlung des überlassenen Kapitalbetrags nach Ablauf der Laufzeit. Im Gegensatz zum Aktionär, der einen Anteil am Unternehmen besitzt, gewährt der Inhaber einer Anleihe dem Staat oder Unternehmen lediglich einen Kredit. Er ist demnach Gläubiger. Grundsätzlich haben Zins und Tilgungszahlungen einer Anleihe Vorrang vor Dividendenverpflichtungen an Aktionäre.

Aktienbaisse: Eine Phase mit länger anhaltend fallenden Kursen am Aktienmarkt, die auch Bärenmarkt genannt wird.

Bärenmarkt: Siehe Aktienbaisse.

Basiswert: Ein Basiswert (auch Underlying oder Bezugswert genannt) ist der Vertragsgegenstand eines Termin- oder Optionsgeschäfts oder eines anderen Derivats. Waren und Finanzwerte können Basiswerte für Derivatgeschäfte sein, bei Finanztermingeschäften vor allem Devisen, Aktien und Aktienindizes (zum Beispiel der DAX).

Blue Chips: Blue Chip ist die gebräuchliche Bezeichnung für Unternehmen mit besonders hohem Wert (auch Large Cap genannt). Im Aktienmarkt sind Blue Chips große, internationale bekannte und angesehene Unternehmen von hoher Bonität, die sich durch Substanz- und Ertragsstärke auszeichnen.

Zu den deutschen Blue Chips zählen (2011) die großen DAX-Unternehmen wie Deutsche Bank, SAP, Siemens, Volkswagen, Allianz, E.ON, BASF, Deutsche Telekom oder Daimler.

Europäische Blue Chips sind (2011) unter anderem: Credit Suisse, Novartis, Nestlé, BP, Danone, L'Oréal, Royal Dutch Shell, Total.

US-Amerikanische Blue Chips sind (2011) beispielsweise: American Express, Bank of America, Coca-Cola, Exxon Mobil, IBM, McDonald's, Procter & Gamble.

Bonussumme: Bei einer Kapital-Lebensversicherung können durch die rentable Anlage der Beiträge Überschüsse entstehen. Der Versicherungsnehmer wird an erzielten Überschüssen des Versicherers beteiligt. Diese werden dem Versicherer als Überschussbeteiligung gutgeschrieben und bei Beendigung der Versicherung als Bonussumme ausgezahlt.

Bullenmarkt: Siehe Aktienhausse.

Call: Eine Kaufoption (Call(-Option)) ist eine Option, bei welcher der Käufer das Recht, aber nicht die Pflicht hat, innerhalb eines bestimmten Zeitraums (amerikanische Optionen) oder zu einem bestimmten Zeitpunkt (europäische Optionen) einen bestimmten Basiswert zu einem vorher festgelegten Ausübungspreis in einer festgelegten Menge zu kaufen.

In der Praxis berechtigt ein Call-Optionsschein zum Kauf eines Basiswerts (zum Beispiel einer Aktie oder eines Index) zu dem bei Ausgabe des Optionsscheins festgelegten Preis innerhalb einer festgelegten Laufzeit.

Der Käufer eines Call-Optionsscheines setzt auf steigende Kurse des Basiswertes. Für den Fall, dass die Kurse des Basiswerts tatsächlich steigen, kann die Anlage mit einem Call-Optionsschein aufgrund der eingesetzten Hebelwirkung höhere Gewinne erzielen, als bei der direkten Anlage in den Basiswert.

Cost-Average-Effect: Der Cost-Average-Effect (auch Durchschnittskosteneffekt genannt) ist ein Effekt, der bei der regelmäßigen Anlage gleich bleibender Einzahlungs-Beträge in Wertpapiere entsteht. Typisch sind Fondssparpläne, bei denen Anleger bereits mit Beträgen von 25 oder 50 Euro monatlich Fonds „besparen" können.

Dabei führen Kursschwankungen der Wertpapiere dazu, dass der Anleger im Durchschnitt seine Anteile bei Einzahlungen in gleicher Höhe günstiger erhält, als wenn er regelmäßig zu unterschiedlich hohen Preisen eine gleich bleibende Menge von Anteilen kauft. Denn bei hohen Anteilspreisen werden automatisch weniger Anteile gekauft, bei niedrigen Anteilspreisen entsprechend mehr.

Da sich im Verlauf des Ansparens immer mehr Kapital ansammelt, das insgesamt den Schwankungen der Anteilspreise unterliegt, verliert der Cost-Average-Effect mit zunehmender Laufzeit eines Sparplans immer weiter seine Wirkung. Denn die einzelnen Raten machen nur noch einen kleinen Bruchteil des gesamten Kapitals aus. Das heißt, das angesparte Vermögen verhält sich jetzt so, als hätte man einmalig eine hohe Summe Geld angelegt, und Kursschwankungen sowohl nach oben als auch nach unten - wirken sich überproportional auf die Rendite aus. Die Durchschnittsrendite eines Sparplans ist langfristig deshalb ähnlich der einer Einmalanlage.

Deflation: Unter Deflation versteht man einen allgemeinen, signifikanten und anhaltenden Rückgang des Preisniveaus für Waren und Dienstleistungen. Der Geldwert nimmt im Vergleich zum Wert der Waren ständig zu.

Bei einem volkswirtschaftlichen Abschwung eines Konjunkturzyklus, reagieren die Menschen mit Konsumwünschen zurückhaltend. Sie erwarten eine negative Entwicklung ihrer Einkommenslage und fürchten um ihren Arbeitsplatz. Daher geben sie in der Erwartung eines zukünftig geringeren Einkommens weniger Geld aus (Käuferstreik).

Auch die Unternehmen halten sich mit Investitionen zurück (Investitionszurückhaltung). Dieser Nachfragerückgang führt dazu, dass Unternehmen geringere Umsätze und weniger Gewinne erzielen. Die Folge sind Massenentlassungen und letztendlich oft die Zahlungsunfähigkeit des Unternehmens. Insgesamt sinkt nun die Gesamtgüternachfrage bei ungefähr gleich bleibendem Güterangebot (Nachfragelücke).

Die Personen, die noch genug Geld haben, halten Käufe in Erwartung weiter sinkender Preise für Konsumgüter zurück.

Besonders durch das Platzen von Spekulationsblasen (wie beispielsweise Immobilienblasen) kommt es zu einer Deflation, wenn die Vermögensgegenstände durch Kredite finanziert worden sind. Die sinkenden Vermögenspreise führen dann zur Überschuldung von Haushalten, wodurch es zu Kreditausfällen kommt und auch die Banken in Bedrängnis geraten. Da nun weniger neue Kredite vergeben werden als auslaufen und ausfallen, sinkt die Geldmenge. Die Konsumenten können ebenfalls ihre Konsumausgaben kaum noch mit Krediten finanzieren, so dass in der Volkswirtschaft die Nachfrage zurückgeht.

Bilden sich längerfristige Erwartungen einer Deflation heraus, dann fällt es der Zentralbank äußerst schwer, diese durch eine expansive Geldpolitik zu brechen. Dieses Phänomen wird als Liquiditätsfalle bezeichnet. Aufgrund der vorherrschenden Deflationserwartungen in der Wirtschaft, bieten selbst nominale Zinsen von Null Prozent keine Anreize für die Kreditvergabe durch Geschäftsbanken an Investoren oder Konsumenten.

Die Kreditrisiken der Gläubiger gegenüber den potenziellen Schuldnern werden von den Gläubigern, aufgrund der allgemeinen Unsicherheit über die zukünftige Wirtschaftsentwicklung, höher als die durch die Kreditvergabe für die Gläubiger möglichen Zinserträge angesehen. Erst wenn wieder Vertrauen in der Wirtschaft entsteht, löst sich die Liquiditätsfalle, in der die Geldpolitik steckt.

Dienstleistung: Eine Dienstleistung ist im Unterschied zur Ware nicht die materielle Produktion oder der materielle Wert eines Endproduktes, sondern eine von einer Person zu einem Zeitpunkt oder in einem Zeitrahmen erbrachte Leistung zur Deckung eines Bedarfs.

Dispositionskredit: Der Dispositionskredit (auch „Dispokredit" oder „Dispo" bezeichnet) ist ein Kredit, der ohne vorherige Abstimmung als Ergänzung des Girokontos bei dem jeweiligen Geldinstitut genutzt werden kann. Es bedarf lediglich einer einmaligen Einräumung des Kreditrahmens seitens der Bank. Die Zinsen für den Dispositionskredit sind erheblich und liegen in der Regel deutlich über 10 Prozent. Ein Dispositionskredit wird nur dann gewährt, wenn auf dem Girokonto regelmäßig Geld, im Standardfall das monatliche Gehalt, eingeht. Der Kreditrahmen ist zudem auf zwei bis drei Monatseinkünfte beschränkt, im Gegenzug wird allerdings auch auf Sicherheiten verzichtet.

Diversifizierung: Von Diversifizierung (oder Diversifikation) wird bei Investitionen in Finanzprodukte gesprochen, wenn laufende Spar- oder einmalige Vermögensbeträge nicht vollständig in nur eine, sondern in mehrere Anlageklassen verteilt werden. Bekannteste Anlageklassen sind Aktien, Anleihen, Rohstoffe und Immobilien. Auch eine Verteilung des Kapitals auf mehrere Finanzdienstleister oder Wertpapier-Emittenten ist eine Form der Diversifizierung.

Hintergrund dieser Strategie ist eine Risikodiversifikation, also die Vermeidung eines möglichen Totalverlustes bei vollständigem Investieren des gesamten Kapitals in eine Anlageklasse.

Der gewünschte Effekt der Risikoreduzierung wird dadurch bewirkt, dass zwei oder mehr Wertpapiere, die untereinander möglichst unabhängig sind, also eine niedrige Korrelation aufweisen, miteinander in einem Portfolio kombiniert werden. Die so gewonnene Vermögensstruktur hat insgesamt ein geringeres Risiko als die jeweiligen Einzelpapiere.

Dividendenausschüttung: Der Teil des Gewinns, der vom Unternehmen (z.B. Aktiengesellschaft) an die Anteilseigner als Dividende ausgeschüttet wird. Bei einer GmbH spricht man von einer Gewinnausschüttung. Die Höhe der Dividendenausschüttung orientiert sich am erwirtschafteten Gesamtgewinn des Unternehmens. Allerdings wird ein Teil davon im Standardfall vom Unternehmen einbehalten, um Rücklagen zu bilden und Investitionen zu tätigen.

Emittentenrisiko: Bei Wertpapieren kann neben dem Risiko von Kursschwankungen noch das Risiko der Zahlungsunfähigkeit des Emittenten dazukommen. Emittenten sind in der Regel Banken und Geldinstitute. Betroffen sind bei Wertpapieren vor allem Derivate wie Optionsscheine und Zertifikate. Kapital, das in Fonds und ETFs investiert wurde, gilt als Sondervermögen und ist im Fall einer Insolvenz der Fondsgesellschaft vor dem Zugriff der Gläubiger geschützt.

ETC (Exchange Traded Commodities): Exchange Traded Commodities (ETC) sind börsengehandelte Wertpapiere, die Anlegern eine Investition in die Anlageklasse Rohstoffe ermöglichen. Es handelt sich um eine Sonderform von Zertifikaten, die als unbefristete Schuldverschreibungen physisch durch einzelne Rohstoffe besichert werden. Im Gegensatz zu ETFs sind ETCs kein Sondervermögen. Als Schuldverschreibungen tragen sie neben anderen Risiken daher auch das Emittentenrisiko. Als besonderes Anlagekriterium bieten ETCs Anlegern Zugang zu einer breiten Palette verschiedener Rohstoffe. Es ist eine Alternative zur Rohstoffaktie und dem direkten Erwerb von Rohstoffen. Es erfolgt somit keine physische Lieferung von Rohstoffen.

ETF (Exchange Traded Fund): Börsengehandelter Fonds, der dafür konzipiert wurde über die Börse gehandelt zu werden. Konventionelle Fonds werden sonst häufig von der Fondsgesellschaft mit Ausgabeaufschlag vertrieben. ETFs gehören zu den sogenannten „passiven" Investmentfonds, die sich vor allem durch eine günstigere Gebührenstruktur auszeichnen als aktiv gemanagte Investmentfonds. Passiv gemanagt bedeutet, dass die Auswahl der im Fonds befindlichen Wertpapiere nicht aufgrund von subjektiven Bewertungen des Fondsmanagers getroffen wird, sondern lediglich die Zusammensetzung eines bestimmten Index nachbildet, wie zum Beispiel den Deutschen Aktienindex DAX. Das in ETFs investierte Kapital zählt ebenso als Sondervermögen wie das der sonstigen offenen Investmentfonds. Das bedeutet bei einer Insolvenz des ETF-Anbieters ist das Kapital nicht verloren.

Geldmengenausweitung: Durch wachsende Geldschöpfung im Kreditsystem kann die zirkulierende Geldmenge konjunkturabhängig wachsen oder schrumpfen. Eine zu kleine Geldmenge kann zu Kreditverknappung, Rezession und Deflation führen. Eine wachsende Geldmenge kann zu größerer Güternachfrage führen. Da die Güterangebotsmenge aber allenfalls nicht im gleichen Maße ausgeweitet werden kann, führt eine weitere Geldmengenausweitung zu Preissteigerungen auf den Gütermärkten, d.h. zu Inflation

Hausse: Siehe Aktienhausse.

Hebel: Der Hebel ist eine Kennzahl von Optionen und Optionsscheinen und gibt das Verhältnis an, wie das Wertpapier die Kursbewegung des Basiswertes nachvollzieht. Der einfache Hebel errechnet sich durch Division von aktuellem Aktienkurs zu aktuellem Kurs des Optionsscheins. Der theoretische Hebel gibt an, um wie viel Prozent sich der Kurs des Optionsscheins verändert, wenn sich der Kurs des Basiswerts um ein Prozent verändert.

Hedgefonds: Ursprünglich wurden Hedgefonds gegründet, um Investoren gegen bestimmte Risiken abzusichern. Daher der Name, der sich von „hedging" (Absichern) ableitet. Mittlerweile zeichnen sich Hedgefonds durch risikoreichere Anlagestrategien aus, da sie keinen Anlagerichtlinien unterliegen und alle Formen der Kapitalanlage nutzen. Diese Eigenschaft ist gleichzeitig der große Vorteil von Hedgefonds: Sie bieten dem Anleger eine breit gefächerte Möglichkeit in Investments, der Handel von Aktien oder Anleihen bis zu Options- und Futuregeschäften ist ohne Einschränkung möglich. Die verschiedenen Gesellschaften spekulieren teilweise auch auf Kredit um einen Hebel zu erzeugen.

Mögliche Gewinne während einer Aktienbaisse führten zu steigender Beliebtheit dieser Anlageklasse in schwachen Börsenjahren. Hedgefonds zeichnen sich durch eine geringe Korrelation zu Aktienmärkten aus und eignen sich somit als „alternatives Investment" gut zur Portfolio-Diversifikation.

Inflation: Bei einer Inflation steigen die Preise für diverse Waren permanent an. Ursache des Preisanstiegs ist eine Zunahme der Geldmenge, die größer ist als das Wachstum der Gütermenge, die dem Geld gegenüber steht. Als Folge muss für die Güter nun mehr Geld gezahlt werden, sie werden also teurer. Daher versteht man unter Inflation allgemein auch eine Geldentwertung. Im Standardfall muss es bei einer nachhaltigen Inflation auch zu großflächig steigenden Löhnen kommen. Sonst sinken die Reallöhne (da das Einkommen weniger wert wird) und die Mehrheit der Bevölkerung kann sich die höheren Preise gar nicht leisten.

inflationsbereinigt: Unter Berücksichtigung der Inflation berechnet.

Inflationsrate: (auch: Preissteigerungsrate, Teuerungsrate) betrachtet den prozentualen Anstieg des allgemeinen Preisniveaus innerhalb eines bestimmten Zeitraums (meistens ein Jahr), gemessen an den Veränderungen eines Preisindex. Zur Ermittlung der Inflationsrate werden die Veränderungen der in einem Warenkorb enthaltenen Güterpreise in einem bestimmten Jahr mit einem festgelegten Basisjahr verglichen. Die Inflationsrate als Prozentzahl ist dabei von der absoluten Veränderung des Preisindex zu unterscheiden: Steigt z.B. der Preisindex um zehn Indexpunkte von 200 auf 210, so bedeutet dies eine Inflationsrate von 5 %.

Kapitalabfindung: Unter einer Kapitalabfindung versteht man die komplette Auszahlung einer Versicherungssumme zu einem bestimmten Zeitpunkt. Es besteht, wenn eine private Rentenversicherung mit Kapitalwahlrecht abgeschlossen wurde, die Möglichkeit, zum Rentenstart eine lebenslänglichen Rentenzahlung oder eine sofortige Auszahlung des angesparten Kapitals zu wählen. Die Entscheidung darüber muss in der Regel bis zu drei Monate vor Rentenbeginn dem Versicherungsunternehmen mitgeteilt werden.

Klumpenrisiko: Mit Klumpenrisiko ist ein Anhäufen von Wertpapieren aus einer Anlageklasse gemeint. Damit bestünde ein erhöhtes Risiko für einen Totalverlust des gesamten eingesetzten Kapitals. Zur Vermeidung eines Klumpenrisikos gilt es die Regeln der Diversifizierung.

Kupon: Ein Kupon ist der Abschnitt eines Wertpapiers, der gewöhnlich zur Einlösung eines Gewinnanteils (Dividendenschein bei Aktien) oder Zinses (Zinsschein bei Anleihen) berechtigt. Heutzutage wird der Begriff Kupon im Standardfall als Synonym für den Nominalzins einer Anleihe verwendet. Dabei bedeutet ein Kupon von 4 Prozent, dass zum Zinstermin 6 Prozent des Nominalwerts als Zins gezahlt wird.

Nennwert: Der Betrag, den der Emittent als Aussteller eines Wertpapiers schuldet, wird als Nennwert oder Nominalbetrag bezeichnet. Bei festverzinslichen Wertpapieren ist das der zu verzinsende Schuldbetrag, bei Aktien der auf der Urkunde vermerkte Betragsanteil (Nominalwert) am Grundkapital.

Nominalbetrag (Nominalbetrag): Siehe Nennwert.

Outperformer: Ein Wertpapier (z.B. Aktie oder Fonds), das in einem bestimmten Betrachtungszeitraum eine bessere Wertentwicklung (Performance) erzielen kann als dessen Vergleichsindex (Benchmark), wird als Outperformer bezeichnet.

private Equity: Private Equity (Außerbörsliches Eigenkapital) ist eine Form des Beteiligungskapitals, bei der die vom Kapitalgeber eingegangene Beteiligung nicht an geregelten Märkten, wie den Börsen, handelbar ist. Die Kapitalgeber können sowohl private als auch institutionelle Anleger sein. Das Konzept Private Equity ist eine Kapitalunterstützung auf Zeit.

Put: Der Inhaber einer Verkaufsoption (Put-Option) hat das Recht, aber nicht die Pflicht, innerhalb eines bestimmen Zeitraums (amerikanische Optionen) oder zu einem bestimmten Zeitpunkt (europäische Optionen) eine festgelegte Menge eines bestimmten Basiswertes zu einem vorher festgelegten Ausübungspreis zu verkaufen.

Aufgrund dieser Konstruktion steigt der Kurs einer Put-Option tendenziell an, wenn der Kurs des Basiswertes fällt.

In der Praxis berechtigt ein Put-Optionsschein zum Verkauf eines Basiswerts (zum Beispiel einer Aktie oder eines Index) zu dem bei Ausgabe des Optionsscheins festgelegten Basispreis innerhalb einer festgelegten Laufzeit.

Der Käufer eines Put-Optionsscheines setzt auf fallende Kurse des Basiswertes. Für den Fall, dass die Kurse des Basiswerts tatsächlich fallen, kann die Anlage mit einem Put-Optionsschein Gewinne erzielen.

Put-Optionsscheine werden nicht nur für kurzfristige Spekulationen verwendet, sondern kommen in der Vermögensverwaltung auch zur Absicherung eines bestehenden Aktiendepots zum Einsatz. Der Put-Optionsschein dient in diesem Fall quasi als Versicherung gegen Kursverluste am Aktienmarkt.

Rentenmarkt: Der Rentenmarkt (auch Anleihenmarkt oder Obligationenmarkt, englisch: bond market) ist ein Segment des Kapitalmarktes, auf dem verzinsliche Wertpapiere und Teilschuldverschreibungen, die sogenannten Rentenpapiere, gehandelt werden. Der Schuldner, auch Emittent genannt, erhält von den Gläubigern, im Austausch gegen Schuldverschreibungen, befristet Kapital. Die emittierten Papiere können an der Börse weiterverkauft werden.

Stop-Loss-Order: Eine Stop-Loss-Order ist eine Handelsoption für Verkaufsorder im Wertpapierhandel und bezeichnet eine Kursuntergrenze. Sobald der benannte Kurs unterschritten wird, wird ein Verkaufsauftrag zum nächsten handelbaren Kurs ausgeführt. Die Order wird dann im Standardfall zu einem unter dem Stop-Loss-Kurs liegenden Kurswert ausgeführt.

Eine Stop-Loss-Order ist dann sinnvoll, wenn das Marktgeschehen nicht permanent beobachtet werden kann, aber man dennoch bei sinkenden Kursen aus dem Markt aussteigen möchte. Mit diesem Handelsinstrument lassen sich Gewinne realisieren oder Verluste begrenzen.

Überschussbeteiligungen: Siehe Bonussumme.

Unternehmensanleihen: Unternehmensanleihen (Corporate Bonds) sind Anleihen von internationalen Unternehmen. Vor allem größere Unternehmen nutzen diese Form der Unternehmensfinanzierung, als Alternative zur herkömmlichen Kreditaufnahme bei den Banken, um sich Kapital vom Markt zu beschaffen.

Unternehmensanleihen sind in der Regel nicht durch zusätzliche Sicherheiten unterlegt, daher ist die Bonität des ausgegebenen Unternehmens von besonderer Bedeutung.

Tipp!

Auf dem Blog „finanziell umdenken!"

http://finanziell-umdenken.blogspot.com

werden aktuelle Themen zum Erzeugen von passivem Einkommen und zum Aufbau von Vermögen behandelt.

Über tredition

EIN EIGENES BUCH VERÖFFENTLICHEN

tredition wurde 2006 in Hamburg gegründet. Seitdem hat tredition mehrere tausend Buchtitel veröffentlicht. Autoren veröffentlichen in wenigen leichten Schritten gedruckte Bücher, e-Books und audio-Books. tredition hat das Ziel, die beste und fairste Veröffentlichungsmöglichkeit für Autoren zu bieten.

tredition wurde mit der Erkenntnis gegründet, dass nur etwa jedes 200. bei Verlagen eingereichte Manuskript veröffentlicht wird. Dabei hat jedes Buch seinen Markt, also seine Leser. tredition sorgt dafür, dass für jedes Buch die Leserschaft auch erreicht wird.

Im einzigartigen Literatur-Netzwerk von tredition bieten zahlreiche Literatur-Partner (das sind Lektoren, Übersetzer, Hörbuchsprecher und Illustratoren) ihre Dienstleistung an, um Manuskripte zu verbessern oder die Vielfalt zu erhöhen. Autoren vereinbaren direkt mit den Literatur-Partnern die Konditionen ihrer Zusammenarbeit und partizipieren gemeinsam am Erfolg des Buches.

Das gesamte Verlagsprogramm von tredition ist bei allen stationären Buchhandlungen und Online-Buchhändlern wie z. B. Amazon erhältlich. e-Books stehen bei den führenden Online-Portalen (z. B. iBookstore von Apple oder Kindle von Amazon) zum Verkauf.

Jetzt ein Buch veröffentlichen: **www.tredition.de**

EINE BUCHREIHE ODER VERLAG GRÜNDEN

Seit 2009 bietet tredition sein Verlagskonzept auch als sogenanntes "White-Label" an. Das bedeutet, dass andere Personen oder Institutionen risikofrei und unkompliziert selbst zum Herausgeber von Büchern und Buchreihen unter eigener Marke werden können. tredition übernimmt dabei das komplette Herstellungs- und Distributionsrisiko.

Zahlreiche Zeitschriften-, Zeitungs- und Buchverlage, Universitäten, Forschungseinrichtungen, u.v.m. nutzen diese Dienstleistung von tredition, um unter eigener Marke ohne Risiko Bücher zu verlegen.

Alle Informationen im Internet: **www.tredition.de/Buchverlage**

tredition wurde mit mehreren Innovationspreisen ausgezeichnet, u. a. Webfuture Award und Innovationspreis der Buch-Digitale.

tredition ist Mitglied im Börsenverein des Deutschen Buchhandels.